Minzu Bowuguan Cangpin
Xinxi Zhibiao Tixi Yanjiu

民族博物馆藏品信息指标体系研究

王 龙／著

四川大学出版社

责任编辑：曾　鑫
责任校对：李金兰
封面设计：墨创文化
责任印制：王　炜

图书在版编目（CIP）数据

民族博物馆藏品信息指标体系研究／王龙著．—成都：四川大学出版社，2017.8
ISBN 978-7-5690-1069-5

Ⅰ.①民…　Ⅱ.①王…　Ⅲ.①民族博物馆－－藏品－研究　Ⅳ.①G268.5

中国版本图书馆 CIP 数据核字（2017）第 203713 号

书名	民族博物馆藏品信息指标体系研究
著　者	王　龙
出　版	四川大学出版社
地　址	成都市一环路南一段24号（610065）
发　行	四川大学出版社
书　号	ISBN 978-7-5690-1069-5
印　刷	四川盛图彩色印刷有限公司
成品尺寸	148 mm×210 mm
印　张	7.375
字　数	197 千字
版　次	2017 年 11 月第 1 版
印　次	2018 年 8 月第 2 次印刷
定　价	49.00 元

◆读者邮购本书，请与本社发行科联系。
　电话:(028)85408408／(028)85401670／
　(028)85408023　邮政编码:610065
◆本社图书如有印装质量问题，请
　寄回出版社调换。
◆网址:http://www.scupress.net

版权所有◆侵权必究

前 言

就社会职能而言，民族博物馆是民族物质和非物质文化遗产的收藏机构、民族历史文化的研究与交流平台、民族政策与爱国主义教育基地。民族博物馆的收藏可以形象地看作是少数民族优秀文化记忆的基因库。对于中华民族和少数民族的关系，民族学家费孝通先生认为，中华民族"是由许许多多分散孤立存在的民族单位，经过接触、混杂、联结和融合，同时也有分裂和消亡，形成一个你来我去，我来你去，我中有你，你中有我，而又各具特色的多元统一体"。因此，他提出了"中华民族多元一体格局"的理论概念，科学地阐明了中华各民族在多元一体的大格局中各展所长，既创造了本民族的历史文化，又共同创造了中华民族的历史文化。步入现代的中国，56个民族和平共处，共同建设美好家园。国家的强盛必须建立在民族的文化自信、自强的基础之上，中华民族的文化大繁荣、大发展离不开各民族优秀文化的传承与弘扬。但是，在现代化和经济一体化的进程中，少数民族文化的传承面临危机，许多优秀的民族传统文化逐渐消失，对这一现象，若任其发展，必将导致中华民族多元文化优势的丧失。因此，加强承载民族历史文化的民族博物馆建设和民族文物的保护势在必行，这也是当代民族学界及博物馆界必须担负的重要任务。

博物馆存在的基础是藏品，藏品的管理和保护是博物馆永恒的核心业务。在信息技术日新月异的今天，民族博物馆藏品的管理，必须打破常规，充分借力于其他学科理论和新的技术应用，提升藏品管理水平和保护能力。本课题研究主要是结合民族博物馆的特点对民族博物馆的藏品信息进行全方位的研究，探讨民族博物馆藏品信息研究存在的问题，尝试构建和规范适应我国民族博物馆的藏品信息指标体系，从而规范民族博物馆藏品信息的解读、分类、管理、传播、利用和开发等行为，进而提升民族博物馆藏品管理的水平。

本书从博物馆藏品的分类以及现有的博物馆藏品信息指标体系出发，在理论的指导下对民族博物馆和现有博物馆藏品信息指标项进行对比式分析，从民族藏品的民族属性、经济属性、社会属性、名称属性、地域属性、功能属性等角度出发探讨了能够反映这些属性的指标集、指标项，从而构建较为规范、适应不同民族博物馆藏品信息指标体系。

本书的第一部分主要探讨《博物馆藏品信息指标著录规范》与民族博物馆藏品信息管理。首先，回顾我国博物馆藏品信息交换平台构建实践，分析了大数据时代下我国博物馆藏品信息管理与交换平台建设的情况，探讨数字博物馆的兴起和发展以及藏品信息分类标准化等问题。其次，探讨民族博物馆藏品管理信息化建设的必要性，通过分析民族博物馆藏品管理信息化建设的问题，探讨民族博物馆藏品管理信息化建设的目标、方向以及价值和意义。第三，探讨《博物馆藏品信息指标著录规范》对民族博物馆藏品信息管理的借鉴作用，分析了《规范》的内容、指导思想、指标体系的合理性以及对于交换平台架构的参考价值。第四，探讨《博物馆藏品信息指标著录规范》暨藏品管理软件（国家文物局版）的局限性及存在的问题，比如"从各自为政"到"一统天下"——藏品管理标准化与民族博物馆藏品个性特征的矛盾、《规范》分类指标体系同民族博物馆藏品自身特点的矛盾、《规范》编制与主导系统与民族博物馆隶属系统的矛盾。最后，探讨民族博物馆藏品信息元数据架构方案，制定民族博物馆藏品信息元数据方案所遵循的规范、原则，搭建民族博物馆藏品信息指标体系框架，并分析了指标编码与民族博物馆藏品信息指标的要素等问题。

本书的第二部分主要是对民族博物馆藏品信息指标集进行详细的分解。根据民族学、文物学的研究成果，我们将民族博物馆藏品信息的指标集分为民族属性指标集、经济属性指标集、社会属性指标集、功能属性指标集、名称属性指标集、地域属性指标集，并分别进行探讨。

本书的第三章是民族博物馆藏品民族属性指标集的建立。首先，探讨族属分类在民族博物馆藏品分类与检索功能中的首要地位，对民族学视野中的民族概念演变进行分析，做到民族学研究对象与民族博物馆藏品征集对象的统一，从民族的文化内涵和政治内涵去理解民族博物馆的文化传播职能、意识形态职能。其次，探讨 GB 3304-1991 中国少数民族与未识别民族定名标准，分析了少数民族的分布特征。最后，探讨了跨界民族分类问题等问题，指出族属指标集下设民族博物馆跨界少数民族藏品指标项的必要性，并提出民族博物馆藏品族属标准集、指标项字段及描述解决方案。

本书的第四章是民族博物馆藏品经济属性指标集的建立。首先，我们从经济文化类型这一概念出发，讨论了西方民族学派以及中国民族学经济文化类型理论。其次，我们梳理了经济文化类型理论在中国少数民族社会历史调查及民族博物馆藏品征集工作中的作用。最后，我们根据经济文化类型的分类提出指标集、指标项字段及描述解决方案，比如采集渔猎经济文化类型组、畜牧经济文化类型组、农耕经济文化类型组，等等，通过这种方式增加藏品的信息量。

本书的第五章是民族博物馆藏品社会属性指标集的建立。首

3

先,我们梳理民族学、文化人类学关于社会进化论的主要观点,特别是摩尔根在《古代社会》对于人类社会进化阶段的分类,马克思、恩格斯在《家庭、私有制和国家的起源》以生产关系来标识的四种社会类型。其次,我们从少数民族社会发育程度这一指标出发,对少数民族社会发展水平、社会发展阶段进行理论判断和民族识别。最后,我们建立民族社会发展水平指标集与指标项字段及描述解决方案。

本书的第六章是民族博物馆藏品名称属性指标集的建立。首先,探讨国家文物局《馆藏文物档案填写说明》藏品规范化用名,区分藏品原名和藏品名称。其次,探讨现有民族博物馆藏品中民族语言或习惯用语定名的缺失等现象。最后,根据民族用语称谓的习惯提出民族博物馆藏品名称民族语言标准字段及描述解决方案。

本书的第七章是民族博物馆藏品地域属性指标集的建立。首先,探讨《博物馆藏品信息指标著录规范》对于地域属性指标集的基本要求。其次,从少数民族群居的地域特征对藏族、彝族、蒙古族等分布较广且地域特征明显的少数民族进行划分,分析民族文化地理、地域认同感所形成的地域表示法。最后,根据地域特征提出民族博物馆藏品民族地域表示方式的字段及描述解决方案。

本书的第八章是民族博物馆藏品功能属性指标集的建立。首先,探讨民族博物馆藏品的功能分类特征。其次,分析文化功能学派理论对中国民族社会历史调查与民族文物征集工作的影响。最后,构建民族博物馆藏品社会功用指标项字段及描述解决方案。

本书的第九章是民族博物馆藏品信息指标集、指标项建构。首先,整理出来民族博物馆藏品信息分类代码表。其次,对民族博物馆藏品信息指标项进行描述和说明。最后,对其他指标集、指标项的补充与修正，探讨了民族博物馆藏品类别的部类归类、影视人类学影像资料的部类归属等问题。

本书的最后一部分主要是总结以上研究成果，从民族属性、经济属性、社会属性、名称属性、地域属性以及功能属性出发，建构适应现有民族博物馆的藏品信息指标集、指标项，从而建立民族博物馆藏品信息指标集、指标项对应规范表。通过实践和反思，我们最后探讨了民族博物馆藏品信息指标体系构建的实际意义，特别是在信息交换路径、语言统一化与民族文化遗产的保护、传承中的作用。

目 录

第一章 导论 …………………………………………（ 1 ）
  第一节 研究的目的与意义 ……………………（ 1 ）
  第二节 研究理论与方法 ………………………（17）
  第三节 研究路径 ………………………………（26）

第二章 《博物馆藏品信息指标著录规范》的应用 ………（28）
  第一节 我国博物馆藏品信息交换平台构建实践 ………（28）
  第二节 民族博物馆藏品管理信息化建设的必要性 ……（47）
  第三节 《博物馆藏品信息指标著录规范》的借鉴 ……（56）
  第四节 《博物馆藏品信息指标著录规范》应用局限性
    ………………………………………………（61）

第三章 民族博物馆藏品信息元数据架构方案 ………（64）
  第一节 民族博物馆藏品信息元数据方案建设原则 ……（64）
  第二节 民族博物馆藏品信息指标体系 ………………（67）
  第三节 民族博物馆藏品信息指标编码要素 …………（70）

第四章 民族博物馆藏品民族属性指标集的建立 ………（72）
  第一节 族属分类在民族博物馆藏品分类与检索中的首
      要地位 …………………………………………（73）
  第二节 GB 3304－91 中国少数民族与未识别民族定名
      标准 ……………………………………………（84）
  第三节 跨界民族的相关问题研究 …………………（106）
  第四节 民族指标集与指标项字段及描述 …………（112）

1

第五章 民族博物馆藏品经济属性指标集的建立……(114)
- 第一节 经济文化类型理论的提出……(114)
- 第二节 经济文化类型理论在民族博物馆藏品征集工作中的作用……(122)
- 第三节 经济文化类型指标集与指标项字段及描述……(124)

第六章 民族博物馆藏品社会属性指标集的建立……(128)
- 第一节 民族学、文化人类学社会进化论的主要观点……(128)
- 第二节 我国少数民族社会发育程度的理论判断……(132)
- 第三节 民族社会发育程度指标集与指标项字段及描述……(136)

第七章 民族博物馆藏品名称属性指标集的建立……(139)
- 第一节 藏品的规范化用名……(140)
- 第二节 民族语言或习惯用语定名暂缺失……(143)
- 第三节 藏品名称民族语言标准字段及描述……(148)

第八章 民族博物馆藏品地域属性指标集的建立……(152)
- 第一节 《博物馆藏品信息指标著录规范》的基本要求……(153)
- 第二节 民族文化地理、地域认同感所形成的民族地域表示方法……(155)
- 第三节 藏品民族地域指标的字段及描述……(157)

第九章 民族博物馆藏品功能属性指标集的建立……(160)
- 第一节 民族博物馆藏品的功能分类特征……(160)
- 第二节 文化功能学派理论对民族文物征集工作的影响……(163)
- 第三节 民族博物馆藏品社会功用指标项字段及描述……(165)

第十章　民族博物馆藏品信息分类代码建构及描述……（168）
　　第一节　民族博物馆藏品信息分类代码表……………（168）
　　第二节　民族博物馆藏品信息指标描述和指标说明……（170）
　　第三节　其他指标集、指标项的补充……………………（174）
第十一章　民族博物馆藏品信息指标体系构建的实际意义
………………………………………………………………（178）
　　第一节　藏品信息标准化与民族文物的保护和传承……（178）
　　第二节　实践与反思……………………………………（180）
附录1　民族博物馆藏品信息分类代码表 ………………（184）
附录2　民族博物馆藏品信息指标体系指标项的说明……（189）
参考文献 ……………………………………………………（206）
后　记 ………………………………………………………（223）

第一章　导论

第一节　研究的目的与意义

一、选题依据

进入 21 世纪以来，博物馆在中国的发展如火如荼，无论是数量，还是体量，都已经超出了新中国成立 50 周年所取得的成绩。[①] 回顾过去的十几年，中国博物馆实现了跨越式的发展，博物馆数量大幅增加，布局趋于合理，类型日渐丰富。以国家级博物馆为首、省级博物馆为核心、地市级博物馆为基础的全国公共博物馆群基本建成，形成了以综合博物馆为主，专业博物馆以及特色博物馆为补充的博物馆格局。

民族博物馆也经历了快速发展期，全国性民族博物馆主要有中国民族博物馆、民族文化宫博物馆和民族高校的民族博物馆；省级民族博物馆主要有五个自治区、贵州、青海等地的博物馆以及海南省民族博物馆、云南民族博物馆、黑龙江省民族博物馆等；地市级民族博物馆分布在我国 30 多个民族自治州，同时涌

[①] 单霁翔：中国博物馆的现状与发展 [A]，见：北京博物馆学会第四届学术会议论文集 [C]，北京：燕山出版社，2004 年。

现了一大批具有民族特色的县级民族博物馆和民族文化保护村寨。① 可以这么说，民族博物馆和相关保护机构的体系正在初步形成。②

尽管取得了很多的成绩，但是，民族博物馆事业也存在着众多的问题。比如，对于民族文物范畴的把握过于保守，对于民族文物的鉴定过于滞后，对民族文物的保护力度不够，对民族藏品的管理水平不高等。特别是随着改革开放的进一步深入，社会对于民族博物馆提出了更高的要求，民族博物馆建设必须适应社会主义文化大发展、大繁荣的需要，必须以社会共享为目标推进民族博物馆各项事业的发展。

随着经济社会的发展，民族博物馆开始显现其文化价值和社会价值，成为少数民族地区展示文化的城市空间，以民族文化保护村寨为代表的生态博物馆也起到了保护民族生存环境的作用，逐渐成为民族地区较有特色的乡村文化景观。③ 新形势下，无论是管理者，还是研究者，都要考虑如何提高民族博物馆的管理水平以及如何适应经济社会发展的需要。接下来，就要求民族博物馆开展更加深入、更加系统、更具有指导现实意义的研究。

民族博物馆研究不仅是基于民族博物馆的实践问题以及由此引发的理论问题，同时还要解决博物馆发展的前沿问题以及与综合类博物馆发展同步的问题。比如，博物馆藏品信息化的问题在民族博物馆的实践上就显得特别突出。首先，民族博物馆的信息化建设较之于发达地区综合类博物馆的信息化建设，是相对落后

---

① 潘守永、宋新潮：民族地区博物馆事业发展的历史和现状 [A]，见：金星华、张晓明、兰智奇编：中国少数民族文化发展报告（2008）[R]，北京：民族出版社，2009年。

② 丹珠昂奔：序 [A]，见：李铁柱：中国民族文博第1辑 [M]，北京：民族出版社，2006年。

③ 尹绍亭、乌尼尔：生态博物馆与民族文化生态村 [N]，中南民族大学学报（人文社会科学版），2009年5期。

的；其次，因为民族藏品存在鉴定难、评级难等问题，藏品的信息化作为民族博物馆信息化的核心进展缓慢；最后，民族藏品的信息管理系统缺乏统一的藏品分类指标体系和标准。

建立统一规范的藏品信息指标体系，对于博物馆信息化建设和博物馆管理来说非常重要。对于信息化的理解，学界基本达成了一致，信息化并非数字化，博物馆信息化不等于数字化博物馆。[①] 信息化本身就是文物藏品信息提炼的过程。过去博物馆信息化是局限于内部或者是行业内的学术交流，现在的博物馆信息化是以社会共享为目标的面向公众及不同阶层的信息传播。因此，构建规范统一的藏品信息指标体系，对于规范文物博物馆学的研究、提升博物馆藏品的管理以及推动面向公众的社会共享都能起到积极的推动作用。

二、现有研究综述

博物馆藏品信息研究是20世纪七八十年代兴起，至今方兴未艾的热点问题。伴随着博物馆信息化的浪潮，全国绝大多数博物馆基本拥有了信息化的基础设施、信息化的管理系统、信息化的展示平台等，国家层面也出台了一系列的文物藏品信息的规范，比如《博物馆藏品信息指标体系规范（试行）》（文物博发[2001] 81号）、《博物馆藏品保管工作手册》[②] 以及《博物馆藏品管理办法》[③]《文物藏品定级标准》[④] 等规章性文件和工作标准规范。同时，中国文物信息咨询中心组织编制了《博物馆藏品信息指标著录规范》，对《博物馆藏品信息指标体系规范（试行）》

[①] 张小朋：博物馆信息化建设的初步探讨[J]，智能建筑与城市信息，2004年9期。
[②] 国家文物局：博物馆藏品保管工作手册[M]，1992年10月。
[③] 文化部：关于印发《博物馆藏品管理办法》的通知，1986年6月19日。
[④] 文化部：关于颁发《文物藏品定级标准》的通知，1987年2月3日。

做了必要的补充。

相应的,民族博物馆藏品管理也在信息化浪潮的推动下基本实现了信息化。① 因此,我们主要从博物馆信息化研究、博物馆藏品信息管理研究、博物馆藏品信息研究、民族博物馆藏品信息研究等几个方面对本课题研究现状进行梳理。

(一)博物馆信息化研究现状

关于博物馆信息化的基本概念和内容,陈红京认为,博物馆信息化包括信息网络建设、藏品数据库建设、藏品信息管理、办公自动化系统、展示信息系统、网站建设、其他应用信息系统建设等。② 王宏钧认为,所谓的博物馆信息化是指在现有的博物馆工作的各个部门和一切职能都能够利用电脑成为日常工具,并且构成一个以藏品信息数据库为核心的一个网络平台。③

本书认为,王宏钧对于博物馆信息化的定义是从技术层面所做出的定义,基本反映了博物馆早期信息化的特征,但是拥有电脑并非就是信息化,建立数据库也并非信息化,对于博物馆特别是文物而言,信息化更多体现为对于文物信息的解读,正如中国考古学会前理事长张忠培常说的"透物见人"。④ 因此,所谓博物馆信息化实际上包括了对于文物信息的科学研究。陈红京持有同样的观点,他认为,当我们用传统记录手段将一件实物藏品的信息转述到纸面上来时,也可以说成是信息化行为。⑤ 除了以上对于信息化的理解外,笔者还认为,现在的博物馆信息化应该是以社会共享为目标的、面向公众及不同阶层的信息传播,也就是

---

① 华玥:析论数字博物馆中藏品信息管理技术 [D],郑州大学,2013年。
② 徐士进、陈红京、董少春编著:数字博物馆概论 [M],上海:上海科学技术出版社,2007年。
③ 王宏均:中国博物馆学基础 [M],上海:上海古籍出版社,2001年。
④ 张忠培:透物见人考古求真 [N],中国社会科学报,2013年11月18日。
⑤ 徐士进、陈红京、董少春编著:数字博物馆概论 [M],上海:上海科学技术出版社,2007年,第52页。

说，在对藏品信息解读之后，需要更大范围的传播，才是真正的博物馆信息化。

尽管对博物馆信息化这一定义有着不同的理解，但陈红京和王宏钧都强调一点，博物馆藏品信息数据及信息管理是博物馆信息化的核心，同时也是博物馆藏品管理工作的重点。但就目前而言，博物馆藏品信息管理存在很多问题，学术界对于这个问题的研究不够系统，从而在两个方面制约着博物馆实践和理论的发展。[1] 对于专业类博物馆，民族博物馆藏品信息管理的问题更加突出。因为没有统一的藏品信息指标体系，民族博物馆的管理水平以及服务公众的质量受到很大的影响。

1. 博物馆信息化成果。首先，博物馆信息化的研究早于博物馆信息化实践。梳理20世纪80年代初的论著，我们可以看到，很多有识之士在全球信息化发轫之初就已经提倡博物馆信息化。[2] 他们不仅在理论上介绍和宣传博物馆信息化的愿景，同时也投身于博物馆信息化实践，甚至在国家政策层面上推动博物馆信息化的实践。其次，博物馆信息化基本跟上全球信息化节奏，博物馆信息化研究也趋于深入，信息化研究成果也反过来推动信息化实践的进一步规范。最后，随着信息化进一步深入，多学科介入到博物馆信息化实践和研究中，进行了理论上的反思。

2. 博物馆信息化问题。首先，现有的研究没有将信息化提升到社会共享的层面，信息化仅仅是博物馆内部以及业内的信息化，并非面向公众、业外的信息化。其次，博物馆信息传播的实践不够充分，没有很好地解决传播的问题。博物馆信息传播功能并没有很好地发挥出来，在某些地区、某些博物馆并没有将信息

---

[1] 王建平：论博物馆藏品信息管理[J]，中国博物馆，2001年2期。
[2] 晏新志、邵小龙：博物馆数字化建设和信息化管理的思考和展望[A]，《博物馆理论与实践研讨会论文集》，三秦出版社，2007年。

传播作为博物馆的职能。最后，对于博物馆信息化研究的其他领域，研究不够深入，研究成果还没有在博物馆管理层里达成共识，没有在实践中推广和进行大面积的应用。

（二）博物馆藏品信息管理研究现状

国内对于藏品信息管理的研究成果较多，主要是讨论藏品管理存在的问题，比如博物馆藏品管理如何科学化、规范化等管理层面的问题。① 对于藏品信息的研究比较薄弱，很少有人研究藏品信息的业内解读和业外解读，业内解读藏品信息的机制是如何运作的，面向业外的信息解读的主体是什么？是博物馆研究人员，还是博物馆的受众？这些问题都没有得到很好的分析。另外，还存在信息传播强调得少，信息的利用率不高，信息的分类基础不扎实，没有很好地将一些专业博物馆藏品管理涵盖进去等问题。

另外，在藏品信息管理的理论研究的基础上，业界相继推出了几个版本的藏品信息管理软件，这些软件的使用和博物馆的藏品实际之间存在不少问题，因此，部分研究主要是对这些管理软件进行的探讨。② 整体上看，我们过于强调藏品管理软件的功能，忽视了使用者的主体能动性。事实上，藏品管理软件并非藏品信息管理本身，除了软件以外，我们应该更多关注藏品信息的解读、分类以及利用等问题。

（三）博物馆藏品信息研究

随着我们对于博物馆功能特别是传播职能认识不断的深

---

① 沈岩：博物馆与标准化 [J]，中国博物馆，2012 年 3 期。
② 如：祝敬国：藏品管理系统的两个技术问题 [J]，中国博物馆，1991 年 3 期；詹静：博物馆藏品档案与计算机藏品管理系统 [J]，北方文物，2006 年 3 期；黄梅："近现代藏品管理系统"建设的实践与思考 [J]，中国文物科学研究，2010 年 4 期。

入①，藏品信息研究有着丰富的内容，具体的研究领域有信息的解读、信息的分类、信息的管理、信息的传播、信息的利用以及信息的开发等。同样的，民族博物馆的藏品信息研究也分为几个研究领域。比如，信息的解读主要是根据现有藏品的信息进行两方面的解读，主要是业内的解读和业外的解读。业内对于藏品的解读其实就是对藏品的科学研究，相对而言，科学研究更加专业，业外解读较为通俗。

除了解读外，藏品信息研究还应该关注藏品信息的分类、管理、传播、利用和开发等领域。因此，对于民族博物馆藏品信息的研究，将更多从信息的分类、管理、传播、利用和开发的角度进行。一般说来，藏品信息的解读能力就决定着藏品信息其他工作的水平。②我们对于博物馆藏品的研究越深入、越科学、越具体，那么对于藏品信息的分类、管理就将更加科学、规范。同样的，藏品信息的传播、利用和开发就更具有社会效益。

实践中，我们发现，首先，博物馆藏品信息解读没有一个统一的规范，个性化的解读较为严重；其次，对于藏品信息的分类缺乏一个统一的标准，博物馆藏品管理较为混乱；最后，藏品信息缺乏统一的指标体系，制约着文物的鉴定、定级等问题。民族博物馆藏品信息管理同样存在以上问题，甚至有些问题更加突出。就目前看，国内对于博物馆藏品信息管理方面的实践和研究都存在着进一步探讨的空间。

（四）民族博物馆藏品信息研究现状

首先，民族文物学的研究比民族博物馆的研究较为深入。由于文物学研究和博物馆学研究存在一定的区别，民族文物学的研

---

① 罗丽珍：探讨当代博物馆如何加强文化传播功能［J］，剑南文学（经典教苑），2012年10期。

② 彭代佳：博物馆藏品信息数字化采集模式及相关问题研究［J］，经济与社会发展，2012年1期。

究并非等同于民族博物馆学的研究。但是,两者在研究领域上有一定的重叠,比如民族文物和民族博物馆藏品在很大程度上是一致的。由于民族文物是民族博物馆的内核,因此,民族文物的研究实际上就是民族博物馆藏品的研究。①

其次,民族博物馆藏品信息的研究,一直是博物馆研究的薄弱环节。其一,民族博物馆本来就是博物馆学研究的一个分支,在博物馆学本来就不断完善的情况下,民族博物馆学的发展相对滞后。其二,即便国内在藏品信息研究上硕果累累,但也只是共性的、普遍的研究,没有细化到民族文物等较为个性的藏品当中。其三,博物馆藏品信息研究在国内外均表现出"有研究无实践""有标准无规范"的局面。②

对于"有研究无实践""有标准无规范"的理解,需要我们回顾这么多年来国内学者对博物馆藏品信息指标体系的标准化问题的研究。对于这个问题,国内学者进行过较为深入的研究,提出过不少真知灼见。特别是 1985 年以来,国内先后在福州举行全国博物馆藏品保管工作会议,在呼和浩特举行中国博物馆学会保管专业委员会第二次学术讨论会,两次会议均对博物馆藏品信息指标体系标准化问题进行过较大规模的讨论。然而,由于藏品信息分类指标体系的复杂性,这两次会议仅仅只是开展讨论而已,并没有拿出制定标准的具体措施。这一阶段研究成果均未跳出"仓库保管员"的视野和"藏品保护"的基调,基本都是将"质地"作为分类的基本依据。③

---

① 孟祥义、刘柏冬:试论民族博物馆与民族文物的关系 [J],北方文物,2000 年 1 期。

② 安来顺:再谈当代博物馆的信息收藏与共享 [J],中国博物馆,2012 年 1 期。

③ 胡江、陈晴、刘健、郁健琼、庄星良、阚薇薇:馆藏文物数字影像指标体系的规范、管理与应用 [J],文物保护与考古科学,2007 年 3 期。

在这一时期，关于藏品信息分类指标的论著中，宋伯胤《论博物馆藏品分类》的"四部四项分类法"因其深厚的理论功底和实用性，影响最为深远。他指出："藏品分类所要解决的任务是在探索藏品体系化和网络化的基本结构，使每一件藏品按其固有质地、功用或用途而'适得其所'，即是说为每一件藏品定出一个按类集聚，分门定位，上下成体系，左右相连贯的便于检索的位置。"① 这一观点明确了博物馆藏品信息分类指标体系的根本目的所在。但是，由于时代的局限性，宋伯胤先生基于检索目的的"四部四项分类法"拘泥于手工卡片管理与检索范畴，未对彼时已初见端倪的数字信息技术做深入研究。但是，"四部四项分类法"较好地处理了手工检索"简"与"繁"的关系，提高了藏品目录手工检索的效率，在众多博物馆当中得到了应用。但其缺点也是比较明显，一是分类法的适用性局限于历史人文类博物馆，对于其他如民族博物馆等似有牵强；二是由于严格限定了检索的篇幅，导致信息容量有限。

数字博物馆在20世纪90年代兴起，成为国内博物馆研究与建设的热点。在博物馆藏品数字化过程中，首当其冲的是藏品管理所涉及的某些基础工作的规范化问题，比如藏品信息指标的统一标准和编目的统一规范等。② 这一系列规范化的问题是实现数字化管理的基本前提。如果藏品信息指标和编目这两大方面不能形成统一的规范和标准，电脑的藏品检索就无法做到准确地、无遗漏地查找，形成不了跨库检索的"普通话"。跨库藏品信息检索与交流的不畅，制约了数字博物馆的发展，甚至会抵消已有的技术与成果的价值。对于这些现实问题，学界已经意识到，但很

---

① 宋伯胤：论博物馆藏品分类（上）：兼述"四部四项分类法"[J]，东南文化，1991年Z1。

② 张小朋：博物馆信息化建设的初步探讨[J]，智能建筑与城市信息，2004年9期。

少提出真知灼见以及解决问题的办法。2000年后，国家文物局制定并推行博物馆藏品信息管理的国家标准——《博物馆藏品信息指标体系规范（试行）》，本意是通过统一的藏品分类体系，来构建藏品信息交流平台，但由于分类体系缺乏藏品录入的科学性、唯一性，过于强调分类体系的覆盖面，难以适用于不同类型的博物馆，因此，民族博物馆藏品信息交流平台的构建至今无法实现。

总之，以检索分类为目的的藏品信息研究所呈现的混乱现状，制约着当前博物馆学的发展，特别是在信息组织软科学、硬科学研究蓬勃发展的21世纪，藏品信息分类指标体系的不规范成为博物馆信息化的最大障碍，难以在新技术条件下实现博物馆的基本职能。因此，有必要对这一问题进行深入的研究。

三、主要研究内容

本节主要结合民族博物馆的特点对民族博物馆的藏品信息进行全方位的研究，探讨民族博物馆藏品信息研究存在的问题，尝试构建和规范适合我国民族博物馆藏品信息的指标体系，从而规范民族博物馆藏品信息的解读、分类、管理、传播、利用和利用等行为，进而提升民族博物馆藏品管理的水平。为此，本书内容有以下几方面：

（一）概念界定

厘清几个相近、相关的概念，一是民族博物馆藏品和民族文物的范畴，二是民族博物馆藏品和民族工艺品的异同，三是民族文物和历史文物、近现代文物的异同。对于这些概念的梳理和区分是希望解决民族博物馆藏品的范围问题，从而解决藏品收集和整理的实际问题。比如，生态博物馆中的展品算不算藏品，正在使用的民族工艺品算不算藏品等。如果这些问题得到很好的解决，特别是上升到文物保护法的高度，那么，我们可以运用行政、司法等手段甚至国家机器进行保护和干涉，公权力介入民间工艺品的保护，必将推进我们国家文化遗产保护的深入开展。因此，厘清这些概念，不仅具有现实意义，而且还具有理论价值。

正如文物的概念会随着我们认识的深入有所调整一样，藏品的范畴会随着我们认识的不断深入进行不同程度的调整。因此，我们在区分几个基本概念的同时，实际上也对不同时期民族博物馆藏品的范畴进行梳理。通过这样的梳理，能够甄别出衡量民族博物馆藏品价值的重要指标。另外，我们对藏品概念、价值的梳理是宽坐标、长时段的，希望从这些概念的变化去了解人们文物观念的变化。

（二）民族博物馆藏品分类

从民族学、文物学、博物馆学三个学科角度来讨论民族博物馆藏品这一课题。同一个问题从不同的角度出发进行研究，侧重点也会有所不同。比如，民族博物馆藏品研究可以从民族学的角度进行研究，也可以从文物学的角度进行研究，还可以从博物馆学基础上进行研究。从民族学角度进行的研究，主要是解决民族博物馆和综合类博物馆的不同。从文物学角度进行的研究，主要是厘清民族文物的分类及与其他文物的不同。从博物馆学角度进行的研究，主要解决民族博物馆藏品信息的解读、分类、管理、传播、利用和利用等问题。因此，本书是从民族学、文物学、博物馆学三个学科角度来讨论民族博物馆藏品。

本书正是从博物馆藏品的分类出发，探讨现有博物馆藏品分类的标准以及民族博物馆藏品分类与综合类博物馆藏品分类的异同，分析现有的民族博物馆藏品分类标准是否涵盖了所有少数民族藏品。另外，民族文物（藏品）按照什么理论或标准进行分类，如何将这些民族文物或藏品的属性进行指标化处理，也就是说用什么指标来衡量民族博物馆的藏品？这些指标是否能够涵盖民族藏品的所有特征？经过以上的分类，我们是否可以总结出一套指标体系，并依托指标体系来对现有的藏品进行分类。所谓指标体系既是分类的基础，也是分类的结果。

（三）民族博物馆藏品信息体系构建

本书还将详细分析现有的博物馆藏品信息指标体系的每一指标项，分析现有指标体系与民族博物馆藏品管理现状之间存在的问题，并针对民族博物馆藏品呈现的新特征、新现象进行分析，解读每一指标项对于民族博物馆藏品信息的规范化采集、录入以及检索等方面的作用，并对现有指标体系中的指标项所涵盖的信息进行分析，在理论的指导下对民族博物馆和现有博物馆藏品信息指标项进行对比式分析，从而构建较为规范、适应不同民族博物馆的藏品信息指标体系。

在本书中，我们还将讨论以下问题：建立在分类基础上的藏品信息指标体系，是以什么指标为主，实现什么样的功能？指标具有怎么样的层级关系，解决的是什么问题？和综合类博物馆藏品相比，民族藏品的信息管理有什么特征，梳理这些信息能够起到什么作用？根据现有藏品信息管理系统的分析，我们整理出来哪些指标，这些指标对于藏品的分类能够起到什么作用？信息管理对于博物馆藏品管理具有什么样的作用？

本书的第一部分主要探讨了《博物馆藏品信息指标著录规范》（以下简称《规范》）与民族博物馆藏品信息管理。首先，回顾我国博物馆藏品信息交换平台构建实践，分析了大数据时代下我国博物馆藏品信息管理与交换平台建设的情况，探讨数字博物馆的兴起和发展以及藏品信息分类标准化等问题。其次，探讨民族博物馆藏品管理信息化建设的必要性，通过分析民族博物馆藏品管理信息化建设的"短板"现象，探讨民族博物馆藏品管理信息化建设的目标、方向以及价值和意义。再次，探讨《规范》对民族博物馆藏品信息管理的借鉴作用，分析了《规范》的内容、指导思想、指标体系的合理性以及对于交换平台架构的参考价值。最后，探讨《规范》暨藏品管理软件（国家文物局版）的局限性及存在的问题。以此为基础，本书构建了民族博物馆藏品信息元数据架构方案，制定民族博物馆藏品信息元数据方案所遵循的规范、原则，搭建民族博物馆藏品信息指标体系框架，并分析了指标编码与民族博物馆藏品信息指标的要素等问题。

本书的第二部分主要是对民族博物馆藏品信息指标集进行详细的分解。根据民族学、文物学的研究成果，我们将民族博物馆藏品信息的指标集分为民族属性指标集、经济属性指标集、社会属性指标集、功能属性指标集、名称属性指标集、地域属性指标集，并分别进行探讨。

本书的第四章是民族博物馆藏品民族属性指标集的建立。首先探讨族属分类在民族博物馆藏品分类与检索功能中的首要地位，对民族学视野中的民族概念演变进行分析，做到民族学研究对象与民族博物馆藏品征集对象的统一，从民族的文化内涵和政治内涵去理解民族博物馆的文化传播职能、意识形态职能。其次，探讨 GB 3304－1991 中国少数民族与未识别民族定名标准，分析了少数民族的分布特征。最后，探讨了跨界民族分类问题等问题，指出族属指标集下设民族博物馆跨界少数民族藏品指标项的必要性，并提出民族博物馆藏品族属标准集、指标项字段及描述解决方案。

本书的第五章是民族博物馆藏品经济属性指标集的建立。首先我们从经济文化类型这一概念出发，讨论了西方民族学派以及国内林耀华所提到的经济文化类型理论。其次，我们梳理经济文化类型理论在中国少数民族社会历史调查及民族博物馆藏品征集工作中的作用。最后，我们根据经济文化类型的分类提出指标集、指标项字段及描述解决方案，比如采集渔猎经济文化类型组、畜牧经济文化类型组、农耕经济文化类型组等等，通过这种方式增加藏品的信息量。

本书的第六章是民族博物馆藏品社会属性指标集的建立。首先，我们梳理了民族学、文化人类学关于社会进化论的主要观点，特别是摩尔根在《古代社会》对于人类社会进化阶段的分类，马克思、恩格斯在《家庭、私有制和国家的起源》以生产关系来标识的四种社会类型。其次，我们从少数民族社会发育程度这一指标出发，对少数民族社会发展水平、社会发展阶段进行理论判断和民族识别。最后，我们建立民族社会发展水平指标集与指标项字段及描述解决方案。

本书的第七章是民族博物馆藏品名称属性指标集的建立。首先，探讨国家文物局《馆藏文物档案填写说明》藏品规范化用名，区分藏品原名和藏品名称。其次，探讨现有民族博物馆藏品中民族语言或习惯用语定名的缺失等现象。最后，根据民族用语称谓的习惯提出民族博物馆藏品名称民族语言标准字段及描述解决方案。

本书的第八章是民族博物馆藏品地域属性指标集的建立。首先，探讨《博物馆藏品信息指标著录规范》对于地域属性指标集的基本要求，其次，从少数民族群居的地域特征对藏族、彝族、蒙古族等分布较广且地域特征明显的少数民族进行划分，分析民族文化地理、地域认同感所形成的地域表示法，最后，根据地域特征提出民族博物馆藏品民族地域表示方式的字段及描述解决方案。

本书的第九章是民族博物馆藏品功能属性指标集的建立。首先，探讨民族博物馆藏品的功能分类特征。其次，分析文化功能学派理论对中国民族社会历史调查与民族文物征集工作的影响。最后，构建民族博物馆藏品社会功用指标项字段及描述解决方案。

本书的第十章是民族博物馆藏品信息指标代码表的建构。首先是整理出民族博物馆藏品信息分类代码表。其次是对民族博物馆藏品信息指标项进行描述和说明。最后对其他指标集、指标项的补充与修正，探讨了民族博物馆藏品类别的部类归类、影视人类学影像资料的部类归属等问题。

本节的最后一部分主要是总结以上研究成果，从民族属性、经济属性、社会属性、名称属性、地域属性以及功能属性出发，建构适应现有民族博物馆的藏品信息指标集、指标项，从而建立民族博物馆藏品信息指标集、指标项对应规范表。通过实践和反思，我们最后探讨了民族博物馆藏品信息指标体系构建的实际意义，特别是在信息交换路径、语言统一化与民族文化遗产的保护、传承中的作用。

对于民族博物馆藏品指标集和指标项的建立，我们都是遵循首先对某一领域的研究基础进行梳理，找到相关理论支撑，在此基础上探讨民族博物馆与一般博物馆的异同，最后确立指标项的建立原则。

四、研究的目的及意义

本书是在博物馆信息化的大环境下，选择民族博物馆藏品信息管理这一比较突出的问题进行研究，试图解决民族博物馆藏品信息化实践、信息化建设出现的问题。同时，也希望这个领域的研究能够推动博物馆信息化建设、博物馆藏品管理实践的发展。更为重要的是，希望本书能够丰富民族文物研究、民族博物馆研究的内容，为博物馆学、民族博物馆学以及藏品分类学等学科建设添砖加瓦。

（一）在理论方面

本书以藏品信息管理作为博物馆信息化的重中之重加以研究，不仅对博物馆信息化的理论进行反思，也抓住了博物馆信息化实践存在的核心问题。同样，民族博物馆信息化研究也是以藏品信息体系建设为重点研究内容的。一直以来，民族博物馆藏品信息分类指标体系是博物馆藏品管理研究领域相对比较薄弱的环节，加强民族博物馆藏品信息的研究，不仅具有推动相关学科及领域发展的理论意义，而且对我国民族文化遗产保护与开发也具有借鉴意义。

本书尝试从建立博物馆藏品信息学这一角度出发，对民族博物馆藏品信息管理做一些理论上的探讨和反思，从而推动这个领域、这一学科的研究更加深入、更加系统。对于博物馆藏品信息的解读、分类、管理、传播、利用和开发等问题的研究，采用定性和定量相结合的研究方法，拓展博物馆学研究的领域。

另外，民族博物馆藏品信息的研究，将有助于推动民族学、民族文物学、民俗文物学、文化遗产学等学科的发展。在我国，民族文物的收集发轫于民族学的田野调查，在民族学的理论背景支撑下，我国民族文物、民族博物馆的研究趋于规范，颇有成果。相对的，民族博物馆藏品信息的研究成果，也将丰富民族学、民族文物学、民俗文物学、文化遗产学等学科内容。

（二）在实践方面

本书将有效解决民族博物馆藏品管理与开发中遇到的困惑和难点，特别对构建民族博物馆藏品信息检索与交流传播平台起到至关重要的作用。尽管我国出台了一系列文物藏品信息的工作标准和规范，但是，对于具有民族特色的文物藏品而言，现有的工作标准和规范不能充分地涵盖民族博物馆藏品的全部信息。如果能够建立民族博物馆藏品信息指标体系，那么必将会推动民族博物馆信息化建设、藏品信息管理、藏品信息共享等实践问题。

近年来，民族博物馆的硬件得到了不同程度的改善，但是在博物馆软件特别是管理方面还需要加强，比如民族博物馆的运营和服务需要提升，民族文物的鉴定需要进一步加强。可以这么说，民族博物馆的软件提升离不开民族藏品信息指标体系的使用，如果能够建立民族藏品信息指标体系，将推动全国不同区域民族博物馆之间的信息对话和信息共享。因此，本书的研究具有很大的实用价值。

另外，本书的研究成果将推动我国文化遗产的保护和利用的工作实践。过去，我们对于民族文物、民族藏品的鉴定、定级不够规范，没有及时将一些具有文物价值的民族工艺品纳入保护范围，导致许多具有艺术价值和鲜明民族特色的工艺品大量流失。指标体系建立以后，我们将根据指标体系来鉴定、定级，从而扩大民族文物、民族文化遗产保护的范围，让更多的文化遗产得到应有的保护。

总之，民族博物馆的藏品信息管理研究特别是藏品信息指标体系的研究，不仅可以丰富民族博物馆学、民族藏品管理学等学科的内容，而且可以还解决民族博物馆管理中的实际问题。

五、本书的创新点

本书的创新之处在于：

首先，从问题意识出发，解决当前博物馆管理中出现的问题，体现了课题研究的前沿性以及时代特点。

其次，从较为薄弱的环节出发，特别是藏品分类的研究出发，探讨现有藏品信息指标规范存在问题，形成较为统一的指标规范，弥补这一领域的不足。

最后，从民族学的高度，运用了民族学、民族文物学的方法，创新性地构建了民族博物馆藏品信息指标体系，成果具有一定的建设性和前瞻性。

第二节 研究理论与方法

为了解决上一节所提出的问题，需要我们界定相关的概念，同时梳理并借鉴相关学科的理论和研究方法，从而找到书的方法和研究路径。

一、相关概念界定

（一）民族博物馆

我们对于民族博物馆的界定，顾名思义，就是指以民族命名的或者是民族地区的博物馆。① 比如全国性的中国民族博物馆、民族文化宫博物馆、民族高校民族博物馆，省级民族博物馆有五个自治区、贵州省、青海省博物馆，以及海南省民族博物馆、云南民族博物馆、黑龙江省民族博物馆等。从这样的分类看，像贵州省博物馆、青海省博物馆这样的省级博物馆，尽管没有以民族博物馆命名，但是也属于民族博物馆的一个类别。类似的问题也出现在地州一级博物馆上，自治州的博物馆尽管没有以民族命名，但也可以归为民族博物馆。

本书研究的是民族博物馆藏品（文物），那么对于没有纳入博物馆系列的民族藏品是否研究呢？比如，收藏民族文物的文保机构、档案机构以及文物保护行政管理部门是否纳入到本书的研究中？还有，汉族地区部分博物馆收藏有民族文物甚至还举办过民族文物展览，是否也纳入本书的研究中？

为了本书课题研究的方便，我们在研究的过程中会将所有民族藏品（文物）涵盖进来。但是，我们的研究范围只是民族博物馆系列，由于精力有限不能涵盖所有博物馆以外的机构。但是，我们希望，我们的研究成果能够应用到所有与民族藏品（文物）有关的档案机构、文保机构以及行政管理机构等。

（二）民族文物

对于民族文物的界定，首先是要从文物学的角度进行。特别

---

① 吴泽霖：论博物馆、民族博物馆与民族学博物馆［J］，见：中国民族博物馆筹备组编：民族文物工作通讯，1985年4期。

是随着文物观念的更新，我们对于民族文物的界定范围需要不断进行调整，对于文物的鉴定、定级更不能一成不变。[1] 其次，对于民族文物的界定也要从民族学的角度进行，民族性是民族文物区别于其他文物的核心特征，是我们了解和研究少数民族文化的标本，不了解民族文化就很难解读民族文物的内涵。最后，对于民族文物的界定要从文化遗产学的角度进行，过去我们比较重视物质文化遗产的保护，只将物化的民族文化遗产认定为民族文物，对于民族文物的保护基本是脱离了民族文物生存的环境，很难对原生态的非物质民族文化遗产进行很好的保护。因此在理论上，我们要从各个学科汲取最新的研究成果，突破传统的定义、概念和范畴对我们观念的限制。

对于民族文物的界定，需要处理好民族文物和历史文物、民族文物和民俗藏品、民族文物和民族藏品、民族文物和民族工艺品之间的关系。[2]

（三）民族藏品

《中国大百科全书·文物博物馆卷》给出的藏品定义为：博物馆依据自身性质、任务和社会需要搜集并经过鉴选符合入藏标准，完成登记、编目等入藏手续的文物和自然标本。[3] 我们认为，这一概念涉及文物和自然标本两个定义，实际上博物馆藏品除了文物和自然标本外，还包括其他类型的藏品，比如文字资料、影像资料等。因此，对于民族藏品的界定，我们不能局限于《中国大百科全书》等现有的定义。

一般情况下，把民族藏品大致分为五类，一是民族文物，二

---

[1] 龚世扬：关于民族文物征集的几点思考 [J]，南方论刊，2010 年 4 期。
[2] 秦晋庭：民族文物学再探 [J]，中国博物馆，2001 年 4 期。
[3] 中国大百科全书总编辑委员会《文物·博物馆》编辑委员、中国大百科全书出版社编辑部：中国大百科全书文物博物馆 [M]，北京：中国大百科全书出版社，1993 年。

是标本,三是参考品(模型),四是复制品,五是其他藏品。①但在实际工作中,记录非物质民族文化遗产的文字资料、影像资料等等,也可以作为民族藏品进行收藏。没有鉴定为民族文物的部分民族工艺品,也可以被博物馆收藏,成为民族博物馆的藏品。实践证明,民族文物范畴的扩大,是受到立法程序的限制,需要一段时间的调整。在法律没有调整之前,将一些暂时算不上文物的民族工艺品纳入博物馆藏品保护体系中来,而不是直接纳入到国家法律的保护之下,不失为一种缓冲之计。毕竟,如果随意将民族工艺品鉴定为民族文物,不仅没有起到保护的作用,而且还会有损民族文物的价值,违背文物保护的初衷。

(四)藏品信息

对于藏品信息的理解,首先需要我们从信息这一概念出发。信息的定义非常广泛,不同的场合有着不同的解释。美国数学家、控制论的奠基人诺伯特·维纳在他的《控制论——动物和机器中的通讯与控制问题》中认为,信息是"我们在适应外部世界,控制外部世界的过程中同外部世界交换的内容的名称"②。1975年,意大利学者G. Longo在《信息论:心得趋势与未决问题》指出:信息是反映事物构成、关系和差别的东西,它包含在事物的差异之中,而不在事物的本身。③

从文物学的角度看,所谓的藏品信息是藏品本身所蕴含的能够反映其不同于其他的核心特征,表现为研究者对于藏品的研究和解读的内容,是文物知识和文物研究的载体。④ 和其他信息不同,藏品的信息可以游离于藏品之外,可以通过别的信息载体进

---

① 秦晋庭:民族文物学再探[J],中国博物馆,2001年4期。
② (美)N 维纳著,郝季仁译:控制论,见:关于在动物和机器中控制和通讯的科学[M],北京:京华出版社,2000年。
③ 夏志峰、翟红志:论藏品信息[J],中原文物,2000年3期。
④ 马咏钟:关于藏品分类的几个问题[J],中国博物馆,1988年4期。

行展示。经过整理和转换，藏品信息可以实现更大范围的传播。总之，藏品信息是我们理解藏品属性的关键。[1]

二、分类的科学思维

如果说博物馆管理的核心问题是藏品管理，那么藏品管理研究的核心问题就是分类。在科学发展的今天，分类已经是很多学科的基础，没有分类就没有学科的规范，更没有认识世界的标准。可以这么说，分类是认识世界的标准。从方法论的角度看，分类的科学思维将有助于本书课题的深入研究。

首先，我们探讨分类学的起源与科学价值分类学最早起源于生物学的研究，分为动物分类学和植物分类学，就是运用分类学原理和方法对生物的各种类群进行命名和等级划分。因此，命名和等级划分是分类的核心。有了命名和划分，就可以把无规律变成有规律。正如林奈所说，分类和命名是科学的基础。[2]

在我们知识体系中，动物是按照等级进行分类的，也就是说等级是动物分类的标准。实际上，等级这一标准也只是人类思维的标准，是人类思维提炼出来的标准，是对物体内在属性的归纳和总结，并非物体外在属性的标准。人类思维提炼出来的分类标准，是基于物体内在属性的一种认识，是认识客观事物的一种方法，因此具有一定的科学价值。

其次，我们探讨分类学与社会科学研究的耦合。一般说来，所谓的分类可以分为两个层面，一个是思维层面，一个是实践层面。思维层面的分类，主要是根据思维的判断做出的分类。这种分类既可以是对现实存在的实体物进行的区分，也可以是对抽象

---

[1] 王根发：博物馆藏品的分类 [J]，中国博物馆，1988 年 4 期。
[2] （美）洛伊斯 N 玛格纳著、李难译：生命科学史 [M]，武汉：华中工学院出版社，1985 年，第 31 页。

概念的虚拟物进行的评判。可以这么说，思维层面的分类是认识论方面的分类。

实践层面的分类，是在思维层面分类的指导下，对于现实存在的实体物所进行的分类，比如大小、粗细、高低。这些都是根据物体外观所进行的分类，还有一些分类是基于物体内在属性所进行的，比如好坏、美丑、善恶。这样的分类并非仅仅源自感性认识，而是人类对于物体内在属性的理性认识。

但凡社会科学研究的问题，无外乎是实践层面和思维层面的问题。社会科学的研究要想科学化，首先就必须对研究对象进行分类。厘清研究对象的范围，才能进行科学化的研究。科学化研究就是在分类学的基础上进行，分类是社会科学研究的基础。[①]可以这么说，分类学和社会科学研究的耦合推动着社会科学的发展，从而实现了社会科学研究科学化、学科化的目标。

最后，我们探讨分类学与博物馆学、民族学研究的耦合。同样的，作为社会科学的一部分，博物馆学、民族学研究最基础的问题就是对研究对象进行命名和划分。很难想象，如果没有分类，种类繁多的博物馆藏品就很难进行管理，属性复杂的少数民族就很难识别。因此，在博物馆学、民族学的研究中，分类是基础，是博物馆学科化、民族学学科化的基石，分类学的研究在这两个学科中占有重要的位置。

理论源于实践，并指导实践。一直以来，藏品分类特别是民族藏品分类是博物馆实践的薄弱环节，分类研究的深度和广度影响着博物馆理论的深度和广度，甚至影响到博物馆学、民族文物学的学科建设。

本书正是借鉴了分类学在社会科学中的科学思维，立足于博物馆实践和理论以及民族学研究的实际，探讨民族博物馆的分

---

① 马咏钟：关于藏品分类的几个问题 [J]，中国博物馆，1988年4期。

类、民族藏品的分类以及信息的分类等问题，在此基础上建立规范和统一的民族博物馆藏品信息指标体系。

三、博物馆学理论与方法

作为博物馆学的研究领域，本书需要从博物馆学的理论和方法出发，探讨藏品的目录整理和分类管理的现状，同时从数字博物馆的实践、理论及方法出发，对博物馆藏品信息管理国家标准——《文物馆藏品信息指标体系规范（试行）》《文物馆藏品信息指标著录规范（试行）》进行梳理。

博物馆藏品的目录是建立在藏品分类管理基础之上的。在多年的博物馆实践中，特别是数字博物馆的实践中，我们初步整理出藏品的目录和分类管理，并且形成了《博物馆藏品信息指标体系规范（试行）》《博物馆藏品信息指标著录规范》。尽管两个规范还有不够完善的地方，但这是博物馆学多年研究的成果，也是我们研究这一课题的基础。

我们需要在博物馆学理论和方法的指导下，对两个规范进行全方位的解读，特别是从民族博物馆的实际出发，来分析和研究民族博物馆藏品的信息。在博物馆学理论和方法的指导下，可以总结和梳理民族博物馆藏品管理现有的规范，并结合国家标准中的两个规范进行调整，从而建立适应民族博物馆藏品实际的管理规范。

四、信息组织学与检索引擎技术

信息组织是指通过信息著录标引和信息序化两个工作环节，将信息资源集合化、系统化、有序化，在此基础上形成了信息组织学。[①] 信息组织学的发展，推动了信息学的进一步完善和发

[①] 储节旺编：信息组织学 [M]，北京：清华大学出版社，2007年，第12页。

展,让信息的获取、处理、传递和利用更具有规律性。信息组织学广泛应用在相关领域的实践和管理当中,比如档案、图书馆、博物馆等,从而极大地促进了这些学科的发展。

我们需要探讨信息组织学的原理和方法,从中找到民族博物馆信息获取、处理、传递和利用的规律,从而规范民族博物馆藏品信息化的过程以及评价体系。另外,我们还应运用网络检索技术,特别是信息检索的原理与方法,比如系统原理、语言学原理、逻辑学原理,对民族博物馆藏品信息进行规范化的检索设定,建立较为先进的检索引擎系统,从而更好地进行信息的检索和信息的传递。同时,借鉴和利用检索引擎技术,建立信息数据库和索引数据库,建立和完善以社会共享为目标的民族博物馆藏品信息管理系统。

五、博物馆藏品信息分类与信息传播

本书重点探讨民族博物馆藏品信息分类和信息的传播等问题。因此,我们要对博物馆藏品信息分类与信息传播等问题进行充分的探讨。首先,从早期博物馆藏品的分类思想出发,探讨手工检索时代的博物馆藏品分类,其次,从信息化的角度出发,探讨人机对话检索时代的博物馆藏品分类,最后,从文化大发展、大繁荣的角度出发,探讨社会共享时代下的博物馆藏品分类。

在社会共享时代下,特别是中央要求文化机构要在文化大发展、大繁荣中发挥作用,博物馆等公共文化设施首当其冲要承担起重任,要在文化资源保护和利用中起到应有的作用。实际上,我们已经看到,当今社会的博物馆已经赋予了教育、传播的职能,博物馆传播已经成为和新闻传播一样的能引起传播学者关注的课题。[①] 博物馆不仅是一个城市的文化名片,更是一个城市文

---

① 陈刚:新媒体与博物馆信息传播 [J],中国博物馆,2012年1期。

化传播的信息源。我们必须在这样的高度下进行民族博物馆藏品信息指标体系的研究。

六、民族学理论

我国早期民族文物的征集和研究和我国民族学的调查研究有着密切的联系，当时也出现过类似民族学博物馆的称呼，吴泽霖在1955年便发文阐述了民族博物馆和民族学博物馆二者的区别。[①] 受西方人类学研究的影响，人类学博物馆的概念和理论也受到了国内学者的关注。如果说民族学博物馆受到苏联民族学研究体系的影响，那么人类学博物馆则是受到西方人类学研究体系的影响。

因此，本书要从苏联民族学研究体系、西方人类学研究体系中找到研究民族博物馆藏品信息的钥匙，从民族学的现有理论找到研究民族藏品信息的方法，并将民族学博物馆、人类学博物馆纳入本课题的研究中来。

民族学自20世纪初进入中国，至今已有一百多年的历史。这一百多年历史大致可划分为三个阶段：旧中国时代、新中国前期（1949－1978年）和新时期（1978年至今）。在旧中国即民国时期，中国民族学界主要依托西方各学派的理论和方法；新中国前期的20世纪50年代，中国民族学界又深受苏联民族学派的影响；1978年以后，逐渐形成自己的本土化特点。[②] 这三个阶段的转变对于民族博物馆的影响也是比较明显的，对民族博物馆的藏品信息内容以及民族藏品的文物价值也有所影响。因此，民族博物馆藏品信息的研究，不能忽视民族学对民族博物馆的影响。

[①] 吴泽霖：论博物馆、民族博物馆与民族学博物馆 [J]，见：中国民族博物馆筹备组编：民族文物工作通讯，1985年4期。

[②] 杨圣敏：中国民族学的百年回顾与新时代的总结 [J]，西北民族研究，2009年2期。

以上是本书所涉及的概念、理论和研究方法的界定。我们希望在相关理论的支撑下，结合民族博物馆研究和博物馆藏品信息研究的现有成果，拓展民族博物馆藏品信息研究这一交叉研究领域，从而有效地指导民族博物馆藏品信息管理实践。

第三节 研究路径

一、研究切入点

问题来源于实践，博物馆的理论问题来源于博物馆的管理实践。本书主要是从问题意识出发，根据提出问题、分析问题、解决问题三段论的思路进行分析。博物馆的核心问题是藏品，比如藏品的分类、管理、展示、解读、传播、研究等。本书是围绕藏品进行研究的。

二、研究路线

本书从民族文化发展需要出发，根据国家标准的博物馆藏品信息指标规范，调研分析《博物馆藏品信息指标体系规范（试行）》《博物馆藏品信息指标著录规范》在各类博物馆中的使用情况以及问题；对部分民族博物馆进行实地考察或通过网络电话调研，了解和分析民族藏品管理的现状；然后从藏品信息的角度来建立适合民族博物馆的藏品信息指标体系；最后再根据国家文物信息咨询中心等文物数据管理单位的意见进一步完善指标体系。

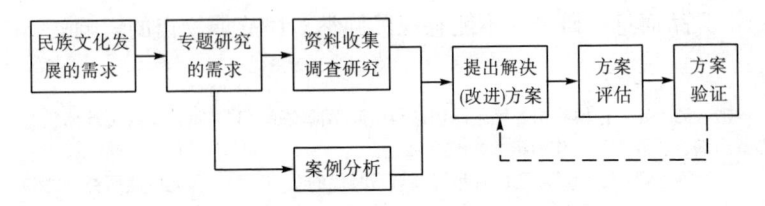

民族文化发展的需求 → 专题研究的需求 → 资料收集调查研究 → 提出解决（改进）方案 → 方案评估 → 方案验证
专题研究的需求 → 案例分析

在研究方法上，我们采用了历史与现实相统一、理论与实证相结合、宏观分析和个案研究的方法，并综合运用博物馆学、传播学、语言符号学、信息组织学、民族学、人类学、社会学等相关理论与方法，试图真实而准确地对民族博物馆藏品内容与信息进行较全面、详细的剖析，以达到构建藏品信息分类指标体系的目的，为民族博物馆藏品资源信息化奠定基础。

第二章 《博物馆藏品信息指标著录规范》的应用

本章主要分析《博物馆藏品信息指标著录规范》对民族博物馆藏品信息管理的借鉴。研究现有指标体系的合理性、借鉴性、局限性及存在的问题,特别研究藏品管理标准化与民族博物馆个性需求的矛盾、《规范》分类指标体系与民族博物馆藏品自身特点的矛盾、技术推广与隶属体系的矛盾,从而对民族博物馆藏品管理的标准化研究起到启示的作用。

第一节 我国博物馆藏品信息交换平台构建实践

一般说来,信息交换平台是信息生产、传播、利用、共享的基础,简而言之,信息交换平台就是信息资源的集散地,是以传播、利用和共享为目的的平台。[①] 比如,商业领域有类似于淘宝、天猫这样的平台,政务领域有地方政府电子政务交换平台等。

信息交换平台的目的就是整合行业或行业间的信息资源,实现社会的共享。比如,地方电子政务建设发展到一定阶段,需要提高整体的效能,因此必须对这些相互孤立的数据集合进行整

---

① 朱中一:试析博物馆信息化建设中存在的问题[N],中国文物报,2012年8月22日。

合，统一管理，并建立合理的更新机制，做到一数一源，避免重复录入，保证数据的一致性，从而成为能在全局范围内为众多应用所共享的信息资源。

一、大数据时代与信息交换平台

2010年以来，大数据（big data）一词在越来越多的场合使用，用来描述信息爆炸产生的海量数据。正如哈佛大学社会学教授加里金所说，这是一场革命，庞大的数据资源使得各个领域开始了量化进程，无论学术界、商界还是政府，所有领域都将开始这种进程。[①]

什么是大数据？所谓的大数据是需要新处理模式才能具有更强的决策力、洞察发现力和流程优化能力的海量、高增长率和多样化的信息资产。[②] 从资产的角度看，大数据的意义不在于拥有庞大的数据信息，而在于对这些数据进行专业化处理，从而为数据仓储、数据安全、数据分析、数据挖掘等应用提供保障。围绕大数据进行商业开发和利用，将成为未来商家和用户追求的利润增长点。

截止到2012年，数据量已经从TB（1024GB=1TB）级别跃升到PB（1024TB=1PB）、EB（1024PB=1EB）乃至ZB（1024EB=1ZB）级别。国际数据公司（IDC）的研究结果表明，2008年全球产生的数据量为0.49ZB，2009年的数据量为0.8ZB，2010年增长为1.2ZB，2011年的数据量居然高达

---

① （英）维克托·迈尔·舍恩伯格著、盛扬燕、周涛译：大数据时代 [M]，杭州：浙江人民出版社，2012年，第43页。

② （英）维克托·迈尔·舍恩伯格著、盛扬燕、周涛译：大数据时代 [M]，杭州：浙江人民出版社，2012年，第32页。

1.82ZB，相当于全球每人产生200GB以上的数据。① 这样的增长数据是非常惊人的，也是无法阻挡的。据预测，到2020年，全世界所产生的数据规模将达到现在的44倍之多。

如何理解大数据的未来的商业前景呢？首先，让我们分析一下数据的价值和数据转化的成功案例："脸谱"数据分析师的工作是搭建数据分析模型，分析用户点击广告的动机和方式；腾讯微信公众订阅号分析用户的特征、阅读习惯以及用户的阅读喜好；通过一些网页流量分析工具，可以知道有多少人访问网站以及停留的时间；通过分析客户行为的数据，可以指导广告商何时是正确的投放时间，何人是正确的用户，什么样的内容备受用户的欢迎；通过分析淘宝买家交易行为的数据，卖家可以更好地掌握消费者的消费习惯、消费行为、消费特征、消费能力以及消费模型；淘宝、天猫、京东等电商网站上的交易，会留下交易者的电话还有家庭地址等信息，可能会被其他商家获取并向其推销产品。

联合国在2012年发布了大数据政务白皮书指出，数据对于联合国和各国政府而言是一个难得的历史性机遇，人们可以使用极其丰富的数据资源对社会经济进行实时分析，从而帮助政府更好地适应和指导经济社会的高效运行。② 2013年3月，奥巴马政府将大数据定义为"未来的新石油"，并宣布投资2亿美元拉动大数据相关产业的发展，"大数据战略"因此上升到国家意志层面。在奥巴马政府看来，对数据的占有和控制将成为陆权、海权、空权之外的另一种核心国家资产，是一个国家综合国力、文化软实力的重要组成部分。

所谓的大数据时代，就是一个以量化的海量数据资源为基

---

①② 李芬、朱志祥、刘盛辉：大数据发展现状及面临的问题[J]，西安邮电大学学报，2013年5期。

础，对其进行获取、储存、搜索、共享、分析乃至可视化地呈现，从而实现数据资源的共享以及效用最大化。[①] 可以预见到，大数据时代的来临将会对未来经济社会产生重大的影响，同样将会对博物馆藏品信息管理产生也会带来深远的影响。探讨博物馆藏品信息指标体系，离不开大数据的讨论，必须考虑到大数据的发展趋势。

二、数字博物馆的兴起与发展

数字博物馆是运用虚拟技术、三维图像技术、计算机网络技术、立体显示系统、互动娱乐技术、特种视效技术，将现实存在的实体博物馆通过三维立体的方式完整呈现于网络上的博物馆。[②] 具体来说，就是采用国际互联网与机构内部信息网信息构架，将传统博物馆的业务工作与计算机网络上的活动紧密结合起来，构筑博物馆大环境所需要的信息传播交换的桥梁，把枯燥的数据变成鲜活的模型，使实体博物馆的职能得以充分实现，从而引领博物馆进入公众可参与交互式的新时代，引发观众浓厚的兴趣，从而达到科普的目的。

随着信息社会的出现，人类在不知不觉中已置身于数字化的环境中，这与政府的推动有着很大的关系。比如，1993年，美国总统克林顿提出在美国建设国家信息基础设施（National Information Infrastructure，简称NII），把数字博物馆和图书馆列为重要的组成部分。[③] 而在此前，世界各国也已开始了公共

[①] 吴宁宁："大数据"对博物馆的启示 [N]，中国文物报，2013年9月4日第6版。

[②] 陈刚：数字博物馆概念、特征及其发展模式探析 [J]，中国博物馆，2007年3期。

[③] 王璇、张弛、张鹏洲：数字传媒博物馆的研究与建设 [C]，第十届全国互联网与音视频广播发展研讨会论文集，2010年4月。

资源的数字化进程，可以这么说，数字化博物馆是伴随信息时代的来临兴起的，极大地推动着博物馆职能社会化的转变。

那么，如何理解当今的数字博物馆呢？发展到今天，数字博物馆具有什么样的内容呢？新媒体、大数据时代对于我国数字博物馆产生怎么样的影响呢？

对于数字博物馆的定义，很多专家都做了很详细的探讨。胡锤等人认为，"数字化博物馆"是从博物馆的数字化着眼，"电子博物馆"是从数字博物馆存在介质而言，"虚拟博物馆"是与实体博物馆相比较而言，"网上博物馆"是从数字博物馆存在空间而言，这些概念都强调了数字博物馆某一方面的特性。"数字博物馆"这一称呼最为大家接受。[①] 胡锤等人所做的区分，有助于我们理解数字博物馆的含义。关于数字博物馆定义的讨论还有很多，本课题不做详细的分析。

20世纪90年代末期，我国也开始了数字博物馆建设，建成了一大批博物馆WEB1.0网站，以此作为博物馆形象的网络展示。和所有WEB1.0网站一样，当时的博物馆网站没有实现互动，仅仅是图文页简单的展示，页面也较为粗糙，功能较少。现在，我们看到的博物馆网站，多属于WEB2.0甚至更高级的网站，不仅具有了留言互动功能，甚至还具有3D仿真等特效功能。但是，不管博物馆网站做得如何仿真，博物馆网站并非数字博物馆的真正要义。除了博物馆网站以外，数字博物馆应该包括以下内容[②]：

1. 数据采集：包括对藏品基本信息、管理信息和研究信息

[①] 胡锤、张小李：数字博物馆研究综述［A］. 见：北京市科学技术协会信息中心、北京数字科普协会：数字博物馆研究与实践2009［M］，北京：中国传媒大学出版社，2009年。

[②] 严建强：计算机网络时代博物馆展示的传播与体验［J］，中国博物馆，2004年1期。

的文本及二维影像数据采集，以及有条件地进行特殊功能和复杂信息的采集（如三维数据等）。需要以下支持：采集设备工具、采集标准规范、数据交换和存储设备、特殊数据采集和加工技术等。

2. 藏品信息管理：既有对进入藏品数据库的信息进行统计、查询和知识整合，又有将人类作用于藏品的保护、研究和管理等信息不断积累，形成藏品的"生命档案"。需要以下支持：以藏品信息管理为核心的博物馆综合业务管理软件、数据库管理软件、知识库管理和信息服务平台等。

3. 网络基础设施和架构：包括博物馆内部局域网连接和互联网接入。需要以下支持：网络和计算机设备、综合布线、网络管理技术、安全设施等。

4. 虚拟信息展示：涵盖博物馆内部辅助实物藏品的展示（如集管理、传播和收藏功能于一体的电子门票、导引观众和检索信息的电子触摸屏、配合展览说明的数字播放和投影、可供点播讲解的手持PDA、可以自助查询服务的电子阅览终端、可以人机交互包括非接触式交互的展示平台、数字特效影院等）、互联网上的展示和数字文化产品等。需求：图像辅助搜索、多媒体互动、虚拟现实、幻影成像、场景仿真、感应控制等技术和相关设备，网站策划设计制作，数字文化产品策划开发等。

可以看出，数字博物馆是随着计算机技术的发展而发展的，最新的技术成果将会应用在数字博物馆的建设中，比如我们现在比较关注的新媒体和数字博物馆的发展、大数据和数字博物馆的发展等，不仅将推动着数字博物馆建设实践，而且还将成为我们研究数字博物馆需要关注的理论问题。为此，我们需要梳理一下新媒体和数字博物馆的研究现状。通过这些研究成果，我们进而了解数字博物馆的发展现状。

姜岩在《新媒体与数字博物馆的整合》一文中认为，数字博物馆的概念包括两个范畴,即博物馆藏品的数字化和数字博物馆藏品数字信息通过传播渠道进行传播。① 因此,他从新媒体和数字博物馆整合的角度出发,探讨了数字博物馆在新媒体中可能存在的形态,比如网络游戏形态的数字博物馆、手机终端形态的数字博物馆。

浙江大学邵晨卉的硕士论文《新媒体与博物馆展示设计》从新媒体与信息定位型展览的关系、新媒体在博物馆展示设计中的功能性分类、新媒体的作用以及新媒体运用的建议四个方面展开,分析新媒体这一新事物在博物馆展示设计中所扮演的角色,并试图在这一分析过程中明确今后在如何对待新媒体问题方面的定位和态度。②

西南大学龙泉的硕士论文《新媒体在地方综合性博物馆信息传播中的运用研究》以地方综合性博物馆作为研究对象,将其信息传播放置于传播学视野之下,系统阐述了博物馆信息传播的重要性,分析了博物馆信息传播的模式和博物馆信息传播要素在新媒体语境下受到的冲击。③

2012年2月,"博物馆与新媒体"学术研讨会在山西大同举行,会议分为两个分论坛,主题分别是新媒体和博物馆、博物馆数字化。论坛上,安来顺、陈刚、丁正洪、祁庆国、薛勇分别作了主题报告。④

陈刚的《数字博物馆概念、特征及其发展模式探析》一文从新媒体、博物馆信息传播等基本概念分析入手,介绍新媒体在博

---

① 姜岩:新媒体与数字博物馆的整合[A],见:北京市科学技术协会信息中心、北京数字科普协会:数字博物馆研究与实践2009[M],北京:中国传媒大学出版社,2009。
② 邵晨卉:新媒体与博物馆展示设计[D],杭州:浙江大学,2010。
③ 龙泉:新媒体在地方综合性博物馆信息传播中的运用研究[D],重庆:西南大学,2012年。
④ 王超:"博物馆与新媒体"学术研讨会[J],中国博物馆,2012年1期。

物馆中的应用思路和方法，研究新媒体下的博物馆信息传播基本特征，探讨新媒体可能对博物馆信息传播带来的影响。陈刚认为，新媒体是数字技术、网络技术和移动通信技术三者的有机结合和应用，数字化、网络化、互动性构成了新媒体的基本特征。随着新媒体技术在博物馆的应用，数字博物馆的服务模式和发展理念逐渐发生变革。通过"真实"的历史场景再现、互动参与及体验，实现自我启发、自主认知，为每一个普通受众提供自主发现历史、感受文化传统的条件和可能性，将是数字博物馆发展理念上的重要方向之一。①

安来顺的《关于当代博物馆信息收藏和共享的几点认识》，从国际博物馆界对新媒体的应用以及从博物馆学的视角考察新媒体对于博物馆功能的拓展。丁正洪的《博物馆官方微博的管理和应用》从微博这种网络社会工具来探讨博物馆微博的社会功能，并且提出了博物馆微博运营的八条策略。祁庆国的《发展博物馆知识传播需要解决的基础问题》探讨了新媒体平台下博物馆内容建设的结构和模式。薛勇的《三维激光扫描技术在博物馆中的运用》主要介绍了三维扫描技术在博物馆中的应用。

这次会议基本反映了新媒体和数字博物馆这一领域的研究现状。但是我们也发现，这一领域还有更多的探讨空间，比如大数据对于数字博物馆发展的影响，微信订阅号在博物馆领域的运用，微信等社交媒体在博物馆信息传播中的作用。正如中国文物报总编辑曹兵武所言，信息转换为知识，知识转换为智慧，转换成集体智慧，这就是博物馆在现代社会要发挥的作用。②

综合以上研究成果，我们发现，新媒体技术大多体现为现代

---

① 陈刚：数字博物馆概念、特征及其发展模式探析［J］，中国博物馆，2007年3期。

② 曹兵武：资料·信息·知识·思想——由专家考古学到公共考古学［J］，南方文物，2011年2期。

信息技术的应用，比如在博物馆藏品信息收集、整理、展示和研究过程中的运用，从而让博物馆藏品管理更加量化、数据更加可视化、共享更加便捷化。这些技术的应用，对于数字博物馆的发展起到了积极的推动作用。

三、藏品信息分类标准化与藏品信息交换平台构建

安来顺认为，一个完整的数字博物馆至少由四个部分组成，数字藏品、存储平台、加工平台、互动展示平台。① 陈红京认为，一个完整的数字博物馆应拥有信息资源、信息存储、加工平台和虚拟展示平台。② 从数字博物馆的要素看，信息交换平台不可或缺且占有非常重要的地位。我们之所以强调藏品信息交换平台，而非存储平台、加工平台，主要有以下原因：

首先，博物馆藏品信息交换平台是数字博物馆建设的一项内容，其次，博物馆信息化为藏品信息交换平台奠定了一定的基础，第三，藏品数据库的建立，完成了数据向信息转化的基础工作。最后，以社会分享为理念的转变，让我们对藏品信息的价值和信息的传播有了全新认识。如果仅仅将藏品进行数字化，将数据存储起来，而没有进行利用，更没有平台去展示，那么这样的数字化就失去意义，就不会实现信息资源的社会共享。

通过对博物馆藏品信息交换平台建设历程的梳理，我们发现，信息交换平台的核心是标准和规范。缺乏标准，数据都无法生成。缺乏规范，平台就没法进行交流。没有标准和规范的平台是无法运行的，加上博物馆类型很多，情况不一，因此，博物馆藏品信息更是需要标准化和规范化。

---

① 安来顺：国际生态博物馆四十年：发展与问题［J］，中国博物馆，2011年4期。
② 陈红京：浅谈博物馆数据采集与信息管理［J］，中国博物馆，2004年4期。

第二章 《博物馆藏品信息指标著录规范》的应用

那么，什么是平台的标准化呢？一般认为，所谓的标准化是指在经济、技术、科学和管理等社会实践中，对重复性的事物和概念，通过制订、发布和实施标准和规则达到统一，以获得最佳秩序和社会效益。标准化的目的是为在一定的范围内获得最佳秩序和社会效益，基本原理有统一原理、简化原理、协调原理和最优化原理。①

对于博物馆藏品信息交换平台而言，标准化首先是信息称谓的标准化，其次是信息分类的标准化，最后是信息交流的标准化。藏品信息的标准化输入，要求我们按照一定的标准来收集、整理藏品，按照这些标准进行信息的提取和录入。但是我们知道，国内2000多家博物馆、数以万计的藏品千差万别，情况复杂，要想做到绝对的标准、绝对的统一，难度是相当大的。毕竟，信息标准化难度比数据标准化的难度大。因此，我们暂时做不到所有博物馆、所有藏品的标准和统一，只能做到某一类博物馆藏品信息的标准和统一。

从难度系数看，藏品信息称谓标准化相对而言容易一点。如果要求所有博物馆执行《博物馆藏品信息指标体系规范（试行）》《博物馆藏品信息指标著录规范》，就能做到藏品标准化的称谓。另外，按照标准化的规范进行信息的采集，也可以做到藏品信息采集的标准化。当然，由于一些藏品入库较早，征集时间较早，征集过程不够规范，这些藏品的信息丧失严重，很难达到《规范》对于标准化的要求，很难做到所有藏品称谓的规范化和标准化。

难度系数较大的是藏品信息分类的标准化。一直以来，文物分类、藏品分类一直是文物学、博物馆学研究的重点和难点。分

---

① 陈学武、万丽娟、张松岩：信息标准化建设、发展与动向［J］，现代情报，2007年3期。

类的标准可以按照事物外在特征进行，也可以按照事物内在属性进行。对于外在特征的分类，我们基本没有什么异议。但对于内在属性的分类，由于不同主体存在着认识上的差异，对于藏品信息的解读也存在很大的差别，这就给藏品信息分类标准化造成了很大的难度。当然，对于藏品信息分类的标准化，我们可以通过学术研讨会或培训，加强思维和认识的统一，让我们意识中的分类更加贴近事物内在属性的分类，让我们的认识更加符合事实本身。

正是由于藏品信息的称谓、分类和交流没有标准化，国际上有这么一个组织致力于规范和标准，称为博物馆资讯交换联盟（Consortium for the Computer Interchange of Museum Information，CIMI）。CIMI的宗旨是要将博物馆资讯普及至社会大众，并推展开放式的系统标准，以管理及传递数位博物馆资讯。其目的是要结合国际博物馆单位的合作，建立一套标准，使博物馆藏品能以电子形式长期保存，并解决博物馆藏品间电子资讯交换的问题，将博物馆资讯传布给广大使用者。

从以上分析看，藏品信息分类在整个藏品信息的管理中起到了重要的作用，可以说是藏品信息交换平台的核心。我们对藏品信息分类和管理的规范程度，决定着藏品信息传播、利用以及利用等水平。如果说藏品信息交换平台的目的是信息传播和社会共享，那么，藏品信息交换平台构建的核心是信息分类和标准规范。

随着人类认识的深入，我们对于藏品的分类更加多样，标准更加丰富。在我们看来，分类本身就是人类使用逻辑认识世界的过程，认识各类事物的共性与差别。分类的基本方法是分析特性与归纳共性的综合运用。分类和划分有区别的，分类是从种到属，而划分则是从属到种，二者方向相反，但又相辅相成，往往同时并用，结果一致。

对于分类的理解，我们可以从林奈和达尔文两个时代的分类原理进行分析。林奈时期的分类系统是人为分类系统，即只根据外部特征对动植物加以命名、分类。他们的方法比较单纯，主要是根据共性与特征的比较研究进行鉴定和分类。达尔文时代的分类系统是按照物种亲缘关系而进行分类的自然分类系统。它是依据大量的性状来考查物种之间的亲缘关系，亲缘关系相近的种归于一类，并根据生物演变从低等到高等排列的分类系统。

分类首先取决于分类所采取的标准，用什么分类标准对一个种属的物体进行分类。标准不一样，分类结果也是不一样的。思维层面的分类，旨在让人类的认识活动能更好判断，从而做出决策。实践层面的分类，旨在让我们改造自然、改造世界的改造过程更加规范，让世界更加有秩序。比较合理的分类标准，将会促使人们对事物的认识更加深入。

四、我国博物馆藏品信息交换平台构建的实践

近年来，我国博物馆藏品信息管理实践在国家有关部门的推动下取得了很大的成绩，最有影响力的是全国性的文物调查及数据库管理系统的建设。在过程中，中国文物信息咨询中心发挥了重要的作用。

（一）文物调查及数据库管理系统建设

"文物调查及数据库管理系统建设"项目[①]（以下简称"文物调查项目"）是一项由国家文物局、财政部共同主导，以摸清馆藏文物家底、提高文物管理水平为基本目标，以调查馆藏珍贵文物资源、采集文物基础信息为基本形式，以数字化的影像采集技术、数据存储技术和网络技术为基本手段的文化遗产领域的一项数字化基础工程。这一项目的目标是以数字化手段完善文物基

---

① 文物调查及数据库管理系统建设［N］，中国文化遗产，2005年4期。

础资料建设，建立并运行动态的数据库管理系统，加强国家珍贵历史文化遗产的动态管理，及时、准确地掌握文物保护和管理状况，从而提升整个行业的现代化管理水平，为实现文物信息资源的社会共享搭建好开放平台。

自2001年启动至2010年底完成，中央财政共投入专项资金2亿余元，全国共有2677个文物收藏单位的近万名文博工作者参与这一调查项目。在全国文博工作者的共同努力下，全国31个省、自治区、直辖市均按时完成馆藏一级文物数据的采集与报送工作。绝大部分省份也都顺利完成了二、三级馆藏珍贵文物的备案工作。经过全国文博工作者10年来的辛勤努力，截至2010年底，文物调查项目已全面完成了全国文物系统博物馆全部馆藏珍贵文物数据的采集工作，共采集文物数据1 660 275条，其中一级文物数据48 006条，累计拍摄文物照片3 869 025张，录入文本信息3.05亿字，接收数据总量15.16TB，基本廓清了全国文物系统馆藏珍贵文物家底。①。

十年来，这一项目已经完成了全国文物系统博物馆（除故宫博物院、中国国家博物馆外）全部馆藏珍贵文物数据的采集工作，初步形成了以文物数据资源目录和文物身份统一标识为核心，以文物数据交换平台、元数据管理为手段的基础数据架构和运行体系，以国家文物局数据中心为核心的国家、省、收藏单位三级文物信息基础数据库管理体系。

2004年起，中国文物信息咨询中心根据国家文物局、财政部和省级文物、财政部门动态管理的需求，扩展、完善《省级馆藏文物数据管理系统软件》研究并编制软件开发与应用过程中所涉及的标准规范（包括《文物数据采集与更新规范》《博物馆藏

---

① 孙波："文物调查及数据库管理系统建设"项目圆满完成［N］，中华人民共和国国家文物局，2011年6月20日。

品信息指标体系著录规范》《馆藏文物影像信息指标体系与技术规范》），开发《馆藏文物信息管理系统》《省级馆藏文物数据管理系统》《国家文物数据中心馆藏文物数据管理系统》和《文物数据管理应用服务系统》等软件。

《省级馆藏文物数据管理系统》是以省为级别的文物综合办公与管理平台，提供全省文物信息的集中展示，查询及对文物数据的统计报表与分析，包括对文物的相关管理与文物数据的上报接收及文物系统的内部信息传递与交流。《省级馆藏文物数据管理系统》包括前台管理系统和后台管理系统。前台管理系统包括文物管理、文物展示、馆藏查询、文物变动、统计分析、数据管理、字词管理、基础数据等八大功能模块。[①]

（二）第一次全国可移动文物普查

2012年至2016年，国务院统一部署开展了第一次全国可移动文物普查。普查范围是我国境内（不包括港澳台地区）各级国家机关、事业单位、国有企业和国有控股企业、中国人民解放军和武警部队等各类国有单位收藏保管的可移动文物。经过各级政府和普查机构努力，普查工作有序推进。截至2016年底，全国31个省、自治区、直辖市全部通过普查验收，普查工作总体完成。

在国务院统一领导下，全国成立3600余个普查机构，投入10.7万名普查人员、12.45亿元经费，调查102万个国有单位，普查全国可移动文物共计10815万件/套。其中按照普查统一标准登录文物完整信息的国有可移动文物2661万件/套（实际数量6407万件），纳入普查统计的各级档案机构的纸质历史档案8154万卷/件。普查摸清了我国可移动文物资源总体情况，新发现一

[①] 张璐、李广新：信息管理系统在博物馆藏品管理中的应用，博物馆研究，2006年2期。

批重要文物，健全了国家文物资源管理机制，建立起国家文物身份证制度，建设了全国文物资源数据库，夯实我国文物基础工作，全面提升我国文物保护管理水平。

通过对普查结果统计分析，我国国有可移动文物呈现出资源总量庞大、收藏体系多元、收藏主体集中、文物类型丰富、文物数量快速增长等特点。截至2016年10月31日，普查统计的全国国有可移动文物共计108 154 907件/套。其中按照普查统一标准登录文物完整信息的为26 610 907件/套，实际数量64 073 178件。按文物类别统计，钱币、古籍图书、档案文书、陶器、瓷器5个类别数量最大，占总量的70.78%；漆器、甲骨、珐琅器、交通运输工具4个类别数量最少，占总量的比例均不足0.1%。按时代统计，文物总量最多的依次为清、宋、民国、汉以及中华人民共和国成立以来，比例分别为34.23%、18.42%、17.13%、8.75%、6.78%；西晋、隋、五代十国、辽、西夏文物数量最少，均不足0.2%。

第一次全国可移动文物普查采集了27项收藏单位信息和15项文物基础信息，建成国家文物资源数据库，改变过去各单位文物信息零散孤立、互不相通的信息孤岛局面，实现全国国有可移动文物信息的统一集中存储。登录文物照片5000万张，数据总量超过140TB，有效构建全国可移动文物大数据。依托互联网，按照管理层级和行政区域对文物资源信息进行标准化、动态化管理和利用，全面提升文物资源管理能力。

普查按照统一编码规范，对登录文物和单位统一分配标准代码和分类编号，建立文物实物、藏品档案、电子信息关联一体的"文物身份证"编码系统和数据管理系统，对登录的每件文物都赋予全国永久唯一的22位数字编码，作为文物属性验证、信息甄别和索引查询的识别标识。

第二章 《博物馆藏品信息指标著录规范》的应用

（三）博物馆藏品综合管理软件

2006年，中国文物信息咨询中心开发的《博物馆藏品综合管理软件》，在全国多家博物馆安装使用，成为国内博物馆藏品管理软件的主流产品。《博物馆藏品综合管理软件》以藏品管理为中心，覆盖主要的业务部门和业务流程，可自定义藏品指标功能，能随时与国家文物行政部门颁布的新藏品指标规范保持同步更新；可调整藏品分类，解决博物馆不同分类的要求，进行多层次、多方向、立体交叉的藏品管理权限控制，对软件模块、藏品指标、藏品级别类别、藏品库房、审核范围均可授权；自动记录操作日志，确保可管理、可追溯的安全性。藏品信息录入灵活方便，文字信息可灵活设置，图片等附件信息可批量导入；藏品信息输出简便多样，表格样式采用固定样式与自行设计相结合，具有多种文档格式；查询统计图文结合、快捷多样；界面友好，风格统一。藏品管理软件系统包括文物信息管理、文物数据管理、库房藏品管理、统计报表数据查询、文物保护、学术研究、展览宣传、系统管理等几个方面，具有通用性、适用性、便利性、模块化等特性以及用户权限管理功能。[①]

2010年，为适应互联网技术架构，启动全新技术架构的藏品管理软件研发并成功推出Web1.0版（V2.0）。截至2016年，软件产品已经升级到Web2.0版（V3.0），为广大博物馆提供标准化、专业化的信息服务。

（四）其他相关实践

除了中国文物信息咨询中心等国家队外，北京某软件开发有限公司凭借多年对藏品管理的潜心研究，在北京市文物事业管理局的大力持下，于21世纪之初推出了一套专业藏品管理系

[①] 陈红京：藏品管理系统软件中检索方式的多元化设置[J]，中国博物馆，1999年1期。

统——易宝藏品管理系统。该系统软件中的数据指标是由国家文物局会同数十位文物管理专家参与制定、划分的，具有较高的科学性及权威性。软件的设计充分考虑到藏品管理者的实用性及藏品的安全性，集信息查询、账务统计、库房管理、陈列展览以及藏品征集、鉴定、照相、装裱等各种业务管理于一体，查询结果可以任意选择需要输出的藏品记录和藏品指标，选择后的结果可以直接批量打印或输出到其他相关软件中进行二次处理；系统对藏品的图片数量未加限制，并支持电影、动画、声音、三维环视、三维环景等各种媒体格式。它打破了传统的馆与馆之间以及馆内各部门间的壁垒，并且使原本繁杂、枯燥的藏品管理工作变得轻松、简便，让博大精深的藏品真正地显示出自身的价值。

另外，地方博物馆比如苏州博物馆也在博物馆藏品信息管理上有所作为。苏州博物馆藏品信息管理系统以中国文物信息咨询中心组织编制的《博物馆藏品信息指标著录规范》为框架，结合了苏州博物馆自身藏品管理的特点及需求，使用作为新一代管理信息系统的业务支撑环境和开发体系的 Justep Business Studio 数据库建设软件开发了"苏州博物馆藏品信息管理系统"。

2013 年 11 月，中国民族博物馆召开"中国民族博物馆藏品管理系统（一期）"专家验收会，中国民族博物馆藏品管理系统由中国民族博物馆和北京师范大学合作开发，正式投入使用。陈红京教授主导开发的博物馆藏品管理软件，通过学生实习采集创建相关藏品数字信息，完成了无线射频识别技术在库房的应用实例。

总之，在我国博物馆藏品信息管理实践中出现了很多版本的藏品信息管理系统。他们之间的区别可能是名称上的不同，比如有些管理系统称之为藏品信息管理系统、藏品数据管理系统、藏品综合管理系统，而由国家层面推动的文物调查所使用的系统多称为文物信息管理系统、文物数据管理系统、文物数据管理应用服务系统，等等。当然，非博物馆领域的管理系统并不属于我们的讨论范围，但是也会涉及藏品管理等问题。这些系统的构建均源于博物馆藏品业务流程，无非就是将藏品业务流程数据化、信息化、程序化、系统化。

为了更好地了解这些系统所能涵盖的内容以及能够实现的功能，我们选择一套博物馆藏品综合管理系统进行分析。博物馆藏品综合管理系统是Wonders数字博物馆核心组件之一，从博物馆业务的基本功能出发，以藏品信息为主的各种信息形成数字化资源，围绕着博物馆的保管、研究、陈列三大基本功能，涵盖藏品征集、入藏、编目、总账登记、出入库管理、综合研究、修复保护等的整个文物大保管范围所有业务流程的信息化管理，并采用先进的RFID电子标签技术对文物库房进行管理，实现文物的出入库管理、快速分类、日常库存盘点、快速查找、安全保护等业务的信息化和自动化。

征集管理：对文物征集过程信息进行管理，包括征集线索管理、征集来源管理、征集登记等模块。

藏品鉴选：对征集文物进行初步鉴定，包括维护鉴定物品信息、鉴定意见维护、附件信息维护等功能。

藏品编目：藏品编目账管理是博物馆藏品信息管理的核心，该模块包含编目创建、正式账审核、总账浏览、相关信息管理、藏品专题等功能。

影像管理：实现藏品图片、视频等多媒体信息的分类和管理，为专业研究人员提供丰富直观的手段，包括影像录入、影像维护、多维比对等模块。

藏品保管：包括保管现状、保管事件等模块，对藏品信息修裱、移动、提用、展览、拍摄、注销等流通活动信息的统一管理。

库房管理：对藏品库房情况以及库房人员情况以及藏品情况

进行管理和统计，包括库房维护、藏品排架等模块。

综合研究：实现各种图文资料、研究成果的征集和管理，包括作者情况、产地说明、流转经过、相关著作和论文、款识印记图像等信息。

藏品检索：实现对编目数据、多媒体信息和保管数据的检索，包括编目信息检索、影像信息检索、保管事件检索等模块。

藏品统计：包括计件统计、分类统计、保管统计、影像统计、资产统计等多种统计形式，用柱状图和饼图的方式进行展示，充分挖潜藏品资源内容。

系统管理：包括用户部门管理、日志管理、系统菜单管理、编目配置管理、古汉字字典等模块，支持藏品编目的类别和属性的增加、删除、修改、查询等。

数据管理：包括文字资源和多媒体资源批量导入数据库功能，并预留与 RFID 管理系统的接口。

RFID 智库管理：采用先进的 RFID 电子标签技术对文物库房进行管理，实现文物的出入库管理、快速分类、日常库存盘点、快速查找、安全保护等业务的信息化。

通过对这些内容的分析，我们认为，藏品管理离不开信息管理，具有藏品定名、藏品登记、藏品建档、藏品修复、藏品统计、藏品包装等内容。就现状看，藏品综合管理系统多为博物馆内部使用的系统，并没有面向社会、面向公众进行传播和分享。因此，所谓的藏品信息管理系统不应该仅仅是博物馆藏品综合管理系统，而应该将藏品信息的共享和对外传播等功能列入其中。作为知识创新（科研）和知识传播的学术殿堂，博物馆已经成为现代社会中重要的信息传播机构，这一观点已经成为博物馆界的共识。①

从以上实践看,博物馆信息化包含博物馆藏品信息管理系统,藏品信息管理的核心是藏品信息交换平台的构建。从这个角度看,藏品信息交换平台并非博物馆信息化的全部,只是由于重要,因而成为本课题重点讨论且起到提纲挈领作用的核心问题。随着国家对文化遗产事业的重视,以社会分享为目标的博物馆藏品信息管理和交换平台,将成为未来我国博物馆信息化建设的核心内容。

第二节 民族博物馆藏品管理信息化建设的必要性

按照国家文物局的统一安排,民族博物馆也投入全国文物调查及数据库管理系统建设项目中,对本馆所属的馆藏珍贵文物进行数据采集工作,基本完成了馆藏文物的信息整理工作。但是,无论是数字博物馆建设,还是博物馆信息化建设,民族博物馆都显得有点滞后。因此,有必要对民族博物馆藏品管理信息化现状进行分析。

在对民族博物馆藏品管理信息化建设讨论之前,有必要梳理一下不同时期国际博物馆协会对于博物馆的定义。

1946年,国际博物馆协会认为,"博物馆"这个词包括藏品对公众开放的所有艺术的、技术的、科学的、历史的或考古的(机构),包括动物园和植物园,但是图书馆除外,仅包括保持永久展厅的图书馆。(1946)②

1956年,国际博物馆协会认为,博物馆这个词在此特指任

---

① 严建强:计算机网络时代博物馆展示的传播与体验[J],中国博物馆,2004年1期。

② 国家文物局、中国博物馆协会编:博物馆法规文件[M],北京:科技出版社,2010年,第67页。

何永久性（固定性）机构，从普遍意义地讲，以各种形式的保存、研究、提高为目的，特别是以接待和展示向公众展出具有文化价值的艺术的、历史的、科学和技术的藏品和标本的机构、植物园、动物园和水族馆。隶属公共图书馆和公共档案馆的常设性展馆可被认为是博物馆。(1956)[①]

1961年，国际博物馆协会认为，国际博物馆协会将承认以研究、教育、欣赏为目的而保护和展出具有文化和科学重要性的藏品的任何永久性（固定性）机构为博物馆。(1961)[②]

此后的1974年、1989年、1995年、2001年，国际博物馆协会一直使用如下的概念，博物馆是一个以研究、教育、欣赏为目的而征集、保护、研究、传播和展出人类及人类环境的物证的、为社会及其发展服务的、向大众开放的、非营利的永久性（固定性）机构。(1974，1989，1995，2001)[③]

从字面上看，自1974年以后，国际博物馆协会对于博物馆的定义没有太大的变化，但是每次定义所包含的范围都有新的拓展，都会考虑到博物馆领域的新现象、新事物和新情况。而1946年、1956年、1961年和1974年，博物馆的定义无论是字面的表达上，还是定义所涵盖的范围上，都有着较为明显的变化。可以这么说，博物馆定义反映了博物馆职能的变化，在理论层面上反映博物馆理论导向的变化，比如博物馆社会化思想、生态博物馆的产生和建设、新博物馆运动对于博物馆理论的影响等。自国际博协1974年制定的章程及定义体现了博物馆社会化的思想之后，博物馆"为社会和社会发展服务"的战略方针得到了广泛的宣传、深入人心并付诸实践，从而推动着博物馆从私人

[①②] 国家文物局、中国博物馆协会编：博物馆法规文件[M]，北京：科技出版社，2010年，第67页。

[③] 国家文物局、中国博物馆协会编：博物馆法规文件[M]，北京：科技出版社，2010年，第68页。

走向社会，从封闭走向开放。

随着博物馆运动的不断发展，本章对于民族博物馆藏品管理信息化的分析，是站在国际博物馆发展的高度上进行的。首先，我们从国际博物馆发展趋势出发，讨论民族博物馆信息化建设的短板问题，特别是技术标准缺乏等问题。其次，我们要结合博物馆发展的国际趋势，探讨民族博物馆藏品管理信息化建设的方向与目的。最后，从民族博物馆在博物馆体系中的地位出发，可以发现民族博物馆信息化建设在民族文化传承、保护中的作用，以及民族博物馆信息传播在构建和谐社会、维护稳定工作中的作用。

一、民族博物馆藏品管理信息化建设难点

和综合类博物馆一样，改革开放之前，民族博物馆藏品管理处在比较原始的阶段，藏品信息多为手工录入、人工管理。改革开放以来，特别是在信息化浪潮的推动下，民族博物馆无论是主动还是被动，都已经开始了博物馆信息化的征程。在基础设施等硬件投入方面，民族博物馆和综合类博物馆不分上下，甚至还旗鼓相当。但是在信息化等软件投入方面，民族博物馆和综合类博物馆还存在很大的差距。正如我们前面讨论的，民族博物馆信息化还是存在很多的短板和问题。

经过以上分析，我们知道，所谓的藏品信息管理并非简单地实现数字博物馆建设，也不仅仅是博物馆基础网络设施、藏品数据库以及博物馆网站建设，而应该是藏品信息的发掘、成果的转化、知识的传播以及意义的生成等。之前的文物调查及数据库管理系统建设，已经为民族博物馆的信息化打下了很好的基础。但是，目前的信息化和真正的信息化还是有很大距离的。

信息和信息化是两个概念。和其他领域的信息不同，文物藏品信息一般需要通过专业的人员进行研究，然后进行通俗化的解读。解读分为业内解读和业外解读，业内解读就是研究成果业内公开，有固定的专业术语，类似的传播渠道有文博类的学术期刊、专业期刊，等等，需要具备一定的文博知识才能交流。业外的解读面向公众，由于公众缺乏文博知识储备，因此需要这些信息通俗易懂。这样的文物信息主要是通过科普报刊、电视等媒体进行普及。

在解读文物信息的过程中，研究者的专业能力决定着文物信息解读的水平。无论是业内的解读，还是业外的解读，对于文物信息的解读和传播并非信息化的全部，只是过去我们只强调信息的采集、提取和复制，忽视了信息的解读和传播，特别是面向公众的传播。尽管我们已经建立了文物数据库，但是我们在信息共享和传播特别是文博社会化、文博知识转换为社会文化知识上任重而道远。

根据最新公布的2006—2020年国家信息化发展战略中的定义，所谓的信息化是充分利用信息技术，开发利用信息资源，促进信息交流和知识共享，提高经济增长质量，推动经济社会发展转型的历史进程。[①] 和其他行业信息化一样，所谓地方博物馆信息化就是广泛利用信息技术，建立各种类型的网络数据库，实现博物馆行业内各种资源的优化与重组，从而实现博物馆行业的整体升级和提升。

从民族博物馆不同于其他博物馆的特征看，民族博物馆信息化建设核心的问题是技术标准缺失。第一，由于技术标准缺失，民族博物馆在文物数据库的建设上显得比较迟缓。第二，由于技术标准缺失，民族博物馆之间很难进行业务交流。第三，由于技术标准缺失，民族博物馆藏品信息管理系统没有完全建立。第四，由于技术标准缺失，少数民族专题博物馆群就很难建成。第

---

① 2006—2020年国家信息化发展战略，新华网，2009年9月24日。

第二章 《博物馆藏品信息指标著录规范》的应用

五,由于技术标准缺失,民族博物馆就很难实现信息化的目标。

事实上,国内民族博物馆界也在做这方面的尝试。由中国博物馆学会民族博物馆专业委员会承担的国家文物局科研课题《馆藏民族文物界定、分类、定级办法》,吸收了五个自治区以及云南、贵州、甘肃、青海、海南、黑龙江等省级博物馆以及民族院校博物馆共同参与课题。研究期间,收到了北京、内蒙古、黑龙江、吉林、新疆、甘肃、青海、宁夏、西藏、四川、广西、云南、贵州、湖南、海南等地 30 多家民族博物馆提供的调研报告和专题研究 60 多篇。这些报告基本反映了目前馆藏民族文物界定、分类、定级的研究成果。[①] 在此基础上,课题组拟定了《馆藏民族文物界定、分类、定级办法》条文草案。

正如课题组所言,民族博物馆学理论研究滞后,对于民族文物的概念界定、分类方法等重大问题缺乏普遍共识,各馆对民族文物的界定、分类标准不一。[②] 对于汉族文物是否属于民族文物,古代民族文物是否为民族文物,民族文物的上下限如何确定等问题,都存在很大的差异。由于没有统一的民族文物定级标准,加上民族文物的民族特色与区域特点复杂多样,民族文物的定级级次差别较大,差异性大,可比性小。这些问题一直以来制约着民族文物理论和实践的发展。

《馆藏民族文物界定、分类、定级办法》课题就是想解决民族藏品技术标准的缺失问题,即通过制定《馆藏民族文物界定、分类、定级办法》规范民族文物认定、定级以及分类中遇到的不规范、不统一的问题。如果问题得到解决,办法能够实施,标准能够执行,那我们就可以根据这些规范和标准来开发民族博物馆

---

① 李铁柱:关于《馆藏民族文物界定、分类、定级》课题工作的意见,见:民族文化宫博物馆编:中国民族文博第二辑[C],沈阳:辽宁出版社,2007 年。
② 高宗裕:民族文物概论[J],今日民族,1995 年 S1。

藏品信息管理系统，从而实现民族博物馆信息化跨越式的发展。对于民族博物馆藏品信息管理技术标准的探讨，我们还将参考中国博物馆学会民族博物馆专业委员会承担的国家文物局科研课题《馆藏民族文物界定、分类、定级办法》以及中国民族博物馆开发的"中国民族博物馆藏品管理系统"。

总之，我国民族博物馆信息化标准与规范的制定还处在初始阶段：国内学界对于国际博物馆信息化相关标准与规范了解不多，现有的标准和规范没有考虑到民族博物馆、遗址博物馆、生态博物馆的实际，现有的藏品信息化标准满足不了藏品信息管理工作和博物馆信息化发展的需要。这些问题值得我们进行深入的探讨。

二、民族博物馆藏品管理信息化建设目标

任何一件藏品都蕴含着丰富的信息，需要从多学科的角度进行研究和解读。民族藏品作为民族学的研究对象，本身就蕴含着丰富的民族学信息，需要我们对其所蕴含的民族学价值进行挖掘。对这些信息进行有效的收集、整理、归类和使用，是民族博物馆藏品管理信息化建设的目标和方向。另外，作为社会公共文化的载体，博物馆应该充分利用现代信息技术，整合文化资源，发挥社会服务职能，从而拓展博物馆社会化的内涵与外延。

博物馆藏品信息化，是数字博物馆发展和建设的前提，也是博物馆信息化建设的基础工作。博物馆藏品信息化包括藏品管理信息系统建设、文物影像管理信息系统、文档资料管理信息系统、多媒体展示系统、票务管理系统、办公管理系统、资产管理系统、网站资源管理系统等，可以分为文物信息资源管理平台、

内部事务管理平台和展览展示管理平台三个方面。[1]

我们过去曾认为,藏品信息化首先是藏品信息数据库的建设。但是,建设安全、实用的藏品信息数据库难度比较大,存在很多难于解决的问题。比如,缺乏博物馆藏品信息库建设的规范和办法,藏品信息的多样性和检索条件的唯一性之间的矛盾,现有的藏品信息管理系统不适合专业类博物馆(如民族博物馆、遗址博物馆),博物馆藏品、陈列、研究和管理没有很好地实现信息一体化等。

长期以来,我国博物馆处于各自相对独立的环境中,藏品的数量和种类等信息登记有着较大的差异,并形成了各自的藏品登记习惯和标准。各馆的藏品等级标准有着相似情况,但没有任何两家标准是完全一致的。如果标准化的问题得不到解决,各大博物馆信息化的完成实际上形成了信息孤岛,没有机会实现资源的共享,标准不统一的问题成为信息共享的最大的障碍。

在多年的信息化实践中,我们逐步明确民族博物馆藏品管理信息化建设的目标:

首先,利用藏品管理软件可以实现方便快捷的检索,可按名称、时代、质地等任意指标项或任意组合项进行检索,可以获取包括影像在内的各项指标数据。另外,在对具有相同指标项的不同藏品进行横向比较上,也要做到简便易行。例如,展览陈列需要某类清代的瓷器,可以按照时代和质地组合检索对所有器物进行比较、挑选,避免了进库房逐一比对查找的麻烦。

其次,利用藏品管理软件实现藏品信息资源的共享,查阅者可以不受时间和空间的限制,查找到自己需要的资料。为了更好地为查阅者服务,可以设置不同的查阅权限,适应不同的用户

---

[1] 张小朋:博物馆信息化建设的初步探讨[J],智能建筑与城市信息,2004年9期。

群体。

　　最后，利用藏品管理软件可方便完成藏品信息的更新、维护，相对于传统的手段，使用管理软件的更新和维护工作量小、简单易行。最大限度地节省纸张，也是藏品管理信息化建设的目标。

　　总之，藏品管理信息化建设最终的方向就是建立数字博物馆、数字博物馆群乃至全国性的数字博物馆管理系统。民族博物馆藏品管理信息化建设，首先是跟上全国博物馆藏品管理信息化的节奏，实现民族藏品信息资源的共享，尽快融入全国性的数字博物馆系统中来。其次，藏品管理信息化建设要实现民族藏品信息的数据库建设，实现单向传播向双向传播的转变，让更多的公众参与到数字博物馆、网上博物馆的建设中来。最后，藏品管理信息化要适应博物馆功能的转变，参与到博物馆社会化运动当中来，并成为新博物馆运动的主推手。

三、民族博物馆藏品管理信息化建设意义

　　民族博物馆藏品管理信息化建设是一个以数字化为基础，以信息化求发展的过程。信息化的目标就是通过博物馆综合业务管理软件、数据库管理软件、知识库管理和信息服务平台等，实现博物馆藏品资源和服务在更大范围的共享。

　　进入信息时代以来，传统的博物馆工作方式和手段不能适应当下的社会文化发展和学术研究的需要，而且还制约着博物馆现代化管理水平和服务质量。首先，博物馆藏品管理信息化建设首先要顺应博物馆自身发展的需要，要根据信息时代这一大环境做出必要的调整。其次，满足社会对博物馆文化的需求。我们一直在强调博物馆的宣传教育功能，只有充分运用信息时代的手段，才能做到更加广泛的宣传和教育。同时，我们要积极利用网络拓宽博物馆文化传播空间，满足社会和群众多种文化的需求。藏品

第二章 《博物馆藏品信息指标著录规范》的应用

管理信息化的建设将决定博物馆事业未来的生存方式和发展水平。

在我国博物馆体系中，民族博物馆占有一定的比重，在保护民族文物、民族文化遗产中发挥过重要的作用。我们发现，由于我们对于民族藏品的管理手段过于传统，在运用信息化手段上过于保守，所以没有很好地发挥博物馆教育、传播等职能。

如果不能实现藏品管理的信息化、标准化，民族博物馆将拖为我国博物馆管理信息化建设的"后腿"。原因如下：首先，博物馆信息化是一个系统的工程，不能只是单个、单类博物馆的信息化，应该是整个博物馆行业所有博物馆的信息化。其次，国内民族博物馆已经具有一定规模，藏品特色鲜明且数量众多，如果游离在国家文物数据库系统之外，势必会出现文物普查盲点。最后，民族博物馆在民族地区经济社会发展中发挥重要的作用，对于民族文化的保护和传承起到了积极的推动作用。从政治的高度看，民族博物馆的发展，体现了国家对于民族地区的扶持政策，对于民族地区构建和谐社会、维护地区稳定都起到了重要的作用。

表面上看，虽然藏品管理信息化属于博物馆内部事务，但是从地方经济社会发展看，藏品管理信息化已经成为影响民族地区经济发展、政治稳定、社会和谐、文化传承的重要因素。学术界对于民族地区的博物馆建设，民族地区博物馆对于民族文化的保护，民族地区博物馆对于地方旅游的带动等问题也都进行过深入的探讨。本课题在这不便烦冗，但必须指出民族藏品管理信息化在这些领域中的功能、作用，这也是本课题研究民族藏品管理信息化的价值所在。

第三节 《博物馆藏品信息指标著录规范》的借鉴

《博物馆藏品信息指标著录规范》是我们开发藏品信息管理系统的基础，是中国文物信息咨询中心结合《博物馆藏品信息指标体系规范（试行）》所制定的相关规范。我们现有的藏品数据库建设、藏品信息管理系统以及博物馆内部的管理系统，均以《博物馆藏品信息指标体系规范（试行）》和《博物馆藏品信息指标著录规范》两个蓝本制定的。为此，我们将对这一规范进行分析，同时结合我国民族博物馆藏品信息管理实际进行解读。

一、《规范》的内容、指导思想

《博物馆藏品信息指标著录规范》是依据《博物馆藏品信息指标体系规范（试行）》（文物博发［2001］81号），结合山西、河南、辽宁、甘肃等文物数据采集工作的实践，为满足《馆藏文物信息管理系统软件》中有关数据采集著录的具体要求，由中国文物信息咨询中心组织编制而成。本规范对《博物馆藏品信息指标体系规范（试行）》进行了必要的补充和说明。

《博物馆藏品信息指标体系规范（试行）》是根据《中华人民共和国文物保护法》《中华人民共和国文物保护实施条例》等有关法律、法规和《博物馆藏品管理办法》《文物藏品定级标准》等法规性文件，在博物馆藏品信息分类的基础上，结合全国博物馆的实际，由国家文物局于2001年发布。《博物馆藏品信息指标体系规范（试行）》建立了由3个指标群、33个指标集、139个指标项构成的指标体系，涵盖了藏品本体、藏品管理和声像信息等相关方面，适用于藏品信息采集、管理与交换等领域。

《馆藏珍贵文物数据采集指标项及著录规则》在对部分馆藏珍贵文物数据进行量化分析的基础上，选择馆藏文物信息指标项中最基本的指标项，比如文物本体属性信息项和管理工作信息项作为馆藏珍贵文物数据采集指标项，并对其著录规则和方法做出规定和说明，以便提供具有较高规范性和可操作性的指导文件，为提高馆藏珍贵文物数据质量和文物信息管理工作标准化程度，推动文物调查项目继续深入开展创造有利条件。

这些标准和规范制定的初衷就是为了让藏品登录更加标准化、规范化，同时也是希望能够为藏品数据库建立一个统一的标准。所谓的数据标准，是指利用信息技术记录和描述博物馆藏品时所有规则的集合，其内容一般要包括完整描述一个具体藏品所需的数据项集合、各数据项的语义定义、著录规则和计算机应用的语法规则。[1] 标准化的制定和实施，可以为博物馆的各项工作确定高起点、科学化、规范化、具有超前意识的工作目标，使不同类型的博物馆明确各自的发展方向，有利于中小型博物馆、新建博物馆馆在硬件配置、软件改造等建设上达到更高的标准。

但是，我们也发现，这些规范制定的时间比较早，没有考虑到大数据时代下的新要求，一些指标项（如藏品年代、所属类别、计件方法等）还不够细致、不能完全适应数字登录的精确需要，特别是没有考虑到影像数据的规范，造成数据库资料不够完整、不够全面。因此，国家文物局又着手开展了藏品元数据、身份标识、影像信息指标、数据存储及交换等标准规范的研究。

二、《规范》指标体系的合理性

《博物馆藏品信息指标著录规范》是对《博物馆藏品信息指标体系规范（试行）》的补充。从字面上看，《博物馆藏品信息指标著录规范》是规范著录行为的著录行为准则，实际上还是以博物馆藏品信息指标体系为主的规范。

---

[1] 赵昆：试论数字化博物馆 [J]，博物馆研究，2002年2期。

一般说来，指标是衡量研究对象数量特征的概念，多用于统计学领域，分为指标名称和指标值。所谓的指标体系是将抽象的研究对象按照其本质属性和特征的某一方面的标识分解成为具有行为化、可操作化的结构，并对指标体系中每一构成元素（指标）赋予相应权重的过程。①

对于博物馆藏品而言，由于其种类繁多，形态复杂，因此要对其信息进行提取，必须对其信息进行指标化、体系化处理，从而达到规范化、科学化的程度。因此，博物馆藏品信息指标体系，在我们看来就是对博物馆藏品信息的本质属性和特征进行过分解，通过具体的指标对其进行衡量，然后形成既能够全面反映其特征，又具有一定内部结构的体系。

可以这么说，《博物馆藏品信息指标体系规范（试行）》是在多年博物馆藏品管理的基础上总结出来的业内规范，经过业内专家和学者提升，成为国内博物馆藏品信息管理的标准。在规范推广和普及过程中，《规范》对于藏品信息管理工作发挥着重要的作用。

首先，《规范》是根据《中华人民共和国文物保护法》《中华人民共和国文物保护实施条例》等有关法律、法规和《博物馆藏品管理办法》《文物藏品定级标准》等法规性文件制定的。应该说，在法律框架下制定的规范，本身就具有一定科学性。

其次，现有的很多藏品管理软件都是根据《规范》对于信息的分类进行设计，基本按照《规范》中的指标群、指标集、指标项进行信息指标体系的设置，当然不同的软件也存在一些差异，但没有突破《规范》的基本框架。

最后，随着《规范》的广泛实施，各个博物馆之间将形成统

---

① 张小李：论文物藏品信息标准的统一性与开放性［J］，中国博物馆，2012年1期。

一的藏品定名标准、分类标准和数据采集标准。规范是藏品数据库建设的指导性文件，经过《规范》培训的工作人员在对藏品信息的判断上能够形成一致的看法，有助于规范藏品数据的采集。

总之，《规范》基本反映了藏品信息的主要特征，指标体系也比较系统、科学，能够反映藏品信息的内容，具有很强的操作性和指导性。

三、《规范》对交换平台架构的参考价值

自《博物馆藏品信息指标著录规范》出台以来，其他公共文化机构比如美术馆就参照了上述标准和规范，再结合自己的藏品特征，研究编制并印发了类似的规范。比如，中国美术馆的《中国美术馆藏品信息指标著录规范（试行）》《中国美术馆藏品声像信息指标著录规范（试行）》《中国美术馆藏品二维影像采集技术规范（试行）》等标准规范也参考了《规范》的分类、指标体系结构和编码方法，《中国美术馆藏品信息指标著录规范（试行）》包括2个指标群、29个指标集、99个指标项。

从美术馆的案例，我们可以知道，《博物馆藏品信息指标著录规范》已经成为美术馆、纪念馆等公共文化机构制定藏品管理规范的标准。尽管从广义上可以将这些机构归为博物馆，但是这些机构的藏品和文物类博物馆的藏品有一定的区别。因此，需要制定适合这类博物馆藏品实际的规范。从另外一个侧面说明，现有的《博物馆藏品信息指标著录规范》并未完全覆盖所有类型的博物馆。其他类型的藏品管理规范很大程度借鉴了《博物馆藏品信息指标著录规范》的体系和方法。

长期以来，民族博物馆对于民族文物的界定、分类和定级缺乏统一的标准，因此，对于民族藏品信息的管理显得比较混乱。针对这个问题，国家文物局的科研课题《馆藏民族文物界定、分类、定级办法》进行了非常详细的研究。但是，这一课题仅仅是

民族文物的界定、分类、定级，并没有涉及民族藏品信息指标体系等领域的研究。在我看来，民族博物馆藏品信息管理应该在《规范》指导下进行，各方面规则的构建都应该借鉴《规则》的长处。只有在《规范》的指导下制定民族博物馆藏品信息管理办法，才可能实现民族类博物馆与综合类博物馆之间的信息共享。民族博物馆馆际之间信息的共享同样也要依赖于一定量的相互遵循的标准。另外，规范的藏品信息数据可以用于文物保护宣传、旅游资源展示、文化产业开发，可以发挥更大的社会和经济效益。

首先，《规范》对于藏品信息分类有着借鉴作用。现有的《规范》根据藏品管理的工作实际分为藏品信息指标群、藏品管理工作信息指标群、藏品文档与声像资料信息等三个指标群。这些指标群基本涵盖了藏品信息的元数据、藏品管理、藏品类别等。通过指标群、指标集、指标项三个层面的分类，我们可以将藏品的所有信息涵盖其中，对无序的藏品信息进行了分门别类。

其次，《规范》对指标体系结构有着借鉴作用。现有的《规范》规定，每一个指标群下面都有指标集，每一指标集下面有指标项。三级指标，各司其职，层次分明，构成了较为完整的藏品信息指标体系。这种指标体系的结构，有助于我们构建民族博物馆藏品信息指标体系。

最后，《规范》对指标编码方法有着借鉴作用。现有的《规范》根据 GB/T1.1-1993《标准化工作导则——标准编写的基本规定》、GB 7026-86《标准化工作导则——信息分类编码标准的编写规定》、GB 7027-86《标准化工作导则——信息分类编码的基本原则和方法》等规定进行的标准化编码。这样的编码方法是国内公认的，适合不同领域之间的交流。

总之，我们在构建信息交互平台的过程中，要充分发挥《博物馆藏品信息指标著录规范》对于信息交互平台建构的作用，利用计算机软件技术的优势，采取信息集合、挖掘的技术来处理这些非结构化的藏品信息，以达到最大范围的信息资源共享，从而加强国际上博物馆单位间的网络信息交流以及国内外业务信息共享及相互协作。

第四节 《博物馆藏品信息指标著录规范》应用局限性

藏品管理软件（国家文物局版）也称为博物馆藏品综合管理信息系统，以博物馆藏品信息管理为基础，以相关领域信息管理为辅，为博物馆藏品业务资料的积累、整合、统计、查询提供方便和快捷的手段，以满足日益增长的文物保护、管理、科研、展览、宣教等业务需要，进而提高整个博物馆的工作效率和管理水平。但从系统的应用情况以及《规范》的推广情况看，《博物馆藏品信息指标著录规范》主要存在以下的局限性。

一、藏品管理标准化与民族博物馆藏品个性特征的矛盾

在博物馆藏品管理标准实施十多年里，我们欣喜地看到，博物馆藏品管理从过去的"各自为政"开始走向"一统天下"。"各自为政"主要指过去博物馆对于藏品的管理主要是按照自己的标准进行管理，藏品管理相当不规范，很难进行馆际之间的交流和共享。自《规范》实施以来，很多博物馆陆续按照这个《规范》进行藏品的管理，馆际之间的交流和共享也逐渐多了起来。但是，由于各种原因，博物馆不可能实现完全的标准化，甚至有观点认为没必要全面标准化。[①] 在他们看来，由于藏品类型不同，博物馆不可能千人一面地完全按照一个标准进行管理，比如专业类博物馆的藏品类型和历史类博物馆存在很多方面的差异。一般

---

① 沈岩：博物馆与标准化 [J]，中国博物馆，2002 年 3 期。

说来，那些藏品数量较大的博物馆不太可能完全按照《规范》进行藏品的重新整理，毕竟这些藏品收集时间较早，信息遗失严重，藏品信息完全规范化、标准化的难度非常大。

总之，《规范》对于藏品信息指标体系的规定较为死板，没有很好地反映特色藏品的特殊属性，对于民族博物馆的特色藏品也很难涵盖进去，因此存在着藏品管理标准化和民族藏品个性特征之间的矛盾。

二、《规范》分类指标体系与民族博物馆藏品自身特点的矛盾

藏品的信息指标体系是建立藏品信息管理体系的基础。《规范》实施以后，我们根据指标体系的要求指导藏品的征集工作，凡是符合指标体系的藏品都可以纳入到博物馆保护所涵盖的领域当中来。同时，我们也根据《规范》来指导藏品的管理工作，从而实现藏品更加科学的分类以及藏品信息的共享等。

但是，我们也发现，《规范》的分类指标体系并非万能的，对于自然地理类、科学技术类博物馆不一定适用，同样也不一定适用不同的文物形态、不同的工作内容。民族博物馆因为其藏品形态、博物馆形态的特殊性，在很多方面和《规范》有不契合之处，从而给民族博物馆藏品信息带来很大的不便。如果按照《规范》执行，必然会对民族文物信息的采集工作带来新的问题，无法做到完整、全面和系统。特别是在民族人类学视野下，生态博物馆这种新型的民族博物馆形态的出现，《规范》的分类指标体系显然很不适应。

尽管我们希望用标准化的办法来实现符号和编码系统的规范化和统一化，但是藏品的多样性、博物馆类型的复杂性都会因为标准化的实施产生制约，从而产生了《规范》分类指标体系与民族博物馆藏品自身特点的矛盾。

三、《规范》的技术推广与民族藏品隶属体系的矛盾

随着数字博物馆的建设,"数字故宫""数字敦煌"成为中国数字化博物馆的"知名品牌"。但是,由于此前没有严格执行《规范》的标准,已建成的这些数字博物馆各成体系,有可能互不相容,从而为将来的信息共享、资源整合以及推广传播带来很大的障碍。另外,在《规范》推广过程中,如果处理不好保密性和共享性的关系,那就很容易导致藏品信息管理的矛盾。

标准化的程序语言和标准化的通信协议是建立各种类型的数据库和在网络上进行信息交换的基础。博物馆要想实现真正的现代化管理,实现信息资源的共享,需要标准化的信息技术作为支撑手段。但是,从民族藏品隶属体系看,民族博物馆藏品隶属于不同于综合类博物馆的类别,藏品形态也较为丰富。如果完全按照民族博物馆的特性进行数据的收集和整理,所生成的数据库就无法开发利用,信息就不能在更大范围内进行交换。

藏品信息著录规则是对藏品信息著录格式的规定,用来规范藏品信息项目所填内容的组成要素、排列顺序及相关要求。[1] 由于民族博物馆藏品并没有著录规范,同时属于不同于历史文物的体系,因此两者之间存在着一定的矛盾。藏品信息管理指标体系是否完善、指标项设置是否合理,直接影响着藏品信息管理的能力与效率,也会影响到藏品信息的传播效果。

---

[1] 游庆桥:数字化时代的博物馆藏品登记著录的实践与思考[J],中国博物馆,2013 年 4 期。

第三章 民族博物馆藏品信息元数据架构方案

博物馆等公共文化服务机构要想为公众提供多样化、多层次的公共文化服务，必须对现有的数字资源进行整理和规范。因此，制定藏品信息元数据的规范将为馆内、馆际之间的资源建设、资源整合、资源交互、资源共享等提供技术保障。

第一节 民族博物馆藏品信息元数据方案建设原则

博物馆的藏品信息数量大、类型多且多为非结构化数据，不利于藏品信息的存储和查询。因此，需要将现有博物馆藏品数据库的数据结构化，为此需要为这些数据库建立一定的标准，从而产生了元数据这一概念。

所谓元数据是指描述流程、信息和对象的数据。元数据的本质是 data about data（关于数据的数据），是对信息资源的结构化描述。[①] 2012 年，国家文物局发布了《关于开展"数字博物馆元数据规范研究"课题申报工作的通知》等通知，说明元数据描述标准的研究成为博物馆数字化以及数字博物馆的工作内容。

一般说来，元数据由核心元数据和扩展元数据组成。核心元数据主要提供藏品的基本信息，而扩展元数据主要提供藏品的完

[①] 刘学荣：基于数字博物馆的文物元数据研究[J]，软件导刊，2009 年 4 期。

整描述。这些描述涉及技术属性（例如结构和行为）特征、业务定义（包括字典和分类法）特征以及操作管理特征（如活动指标和使用历史）。[①] 元数据可以为不同形态的数字化信息单位和资源集合提供规范、普遍的描述方法和检索工具，为各种分散的数字化资源以及有机构成的信息体系提供整合的工具与纽带，对于信息描述、信息整合、信息检索和共享等起到非常重要的作用。[②]

首先，我们要明确，数字博物馆的元数据和藏品信息的元数据是两个不同的概念。国内学术界对于元数据的讨论多数是从数字博物馆建设的角度出发，也就是说学术界探讨的主要是数字博物馆的元数据，当然也有对藏品信息元数据的探讨。毕竟，数字博物馆的元数据包括藏品信息的元数据，但是不局限于藏品信息的元数据。

其次，藏品信息元数据和数字博物馆元数据的构建是有规范的，基本是建立在《博物馆藏品信息指标体系规范（试行）》《博物馆藏品信息指标著录规范》基础之上。可以说，数字博物馆的元数据和藏品信息的元数据都是在这些规范基础上构建的。当然，数字博物馆的元数据相对于藏品信息元数据而言更加全面，内容更加丰富。

最后，我们发现，现有的藏品信息元数据以及数字博物馆元数据都没有很好地体现民族博物馆的特色以及民族藏品的特征。因此，制定民族博物馆藏品信息元数据的方案要从民族博物馆的特色、民族藏品的特征出发，藏品信息元数据要反映民族藏品不同于历史文物的特征，既要考虑到民族藏品的特征，又要顾及资

[①] 董焱：数字博物馆元数据标准初探 [J]，北京联合大学学报（自然科学版），2005年6期。

[②] 冯甲策：国家博物馆元数据规范建设与应用 [J]，博物馆研究，2013年3期。

源共享的统一。因此，在制定民族博物馆藏品信息元数据方案的时候，需要我们处理好以下几层关系：

首先，民族博物馆藏品的元数据结构应该是多层次的，核心的元数据结构要以核心指标项为主，其他指标项根据其重要性分出层次。比如，藏品的民族属性比较重要，应该成为元数据最核心的指标项。同时，民族指标项又可以进行更加细致的划分，例如根据民族的分支进行划分等。

其次，民族博物馆藏品的元数据结构应该是多用途的，要兼顾保管、展览等用途，还要特别考虑信息共享等用途。过去的元数据结构主要是以保管为主，比如通过元数据的制定规范各博物馆文物藏品信息的录入。随着博物馆功能的拓展，以社会共享为导向的元数据结构建设必须是多用途的。

再次，要处理好元数据和其他数据的关系，不同类型的藏品核心指标项不同。元数据是数据的数据，是数据的核心，不同类型的博物馆对于元数据的价值定位不同，比如民族指标项在民族博物馆是核心元数据，但是在综合类博物馆或历史文化类博物馆可能就属于次要的元数据。事实上，现有的《规范》是以历史文物类藏品为主，并没有将民族指标项作为核心的要素进行架构。

最后，要以核心指标项为主，建立元数据的描述标准。民族博物馆藏品信息核心元数据，需要有较为规范、全面的描述标准，才能实现不同数字博物馆之间、博物馆与社会其他数字资源之间的资源共享。规范的技术标准，可以实现不同系统之间的互通互联，便于整合各种系统。

以上是我们在制定民族博物馆藏品信息元数据方案所遵循的规范、原则，最为关键的是要对博物馆藏品有一个较为清晰的分类，分类必须从民族特性出发，综合考虑其他指标项，从而让元数据的结构更加科学合理。

第二节 民族博物馆藏品信息指标体系

借鉴《博物馆藏品信息指标著录规范》对于藏品信息的分类，结合民族博物馆藏品的实际，我们尝试建立民族博物馆藏品信息指标体系，后面的章节也将对民族博物馆藏品信息指标体系进行更加详细的分析。

一、民族博物馆藏品信息分类与指标体系结构

构建民族博物馆藏品信息指标体系，首先是对藏品信息进行分类。藏品信息的分类不同于藏品的分类，是以藏品的分类作为基础。藏品、文物的分类对于博物馆藏品信息指标体系的构建起到很关键的作用。

目前，我们对于文物的分类，主要的方法有时代分类法、区域分类法、存在形态分类法、质地分类法、功用分类法、属性分类法、来源分类法、价值分类法等。这些是从文物的外在特征和内在属性进行的分类。因此，可以这么说，文物分类所涵盖的分类标准，其实就是藏品信息的指标项。例如，根据来源分类法可以分为提交、征集、挑选、捐赠、发掘等，那么这些属性就成为藏品信息的指标项。如果一个藏品是通过征集来的，那么被征集人的信息就成为藏品信息的指标项，比如，征集物主人的身份、职业、民族等信息，主人和藏品的关系、收藏藏品的故事等，这些正是在"征集"这一指标项下的信息。事实上，征集指标项下的所有信息，对于文物的定级也是起到了很重要的参考作用。

我们对于藏品的信息也要进行框架的搭建，根据信息的重要性进行排列，同样分为三级指标：指标群、指标集、指标项。指标群分为藏品信息指标群、藏品管理工作信息指标群、藏品文档与声像资料信息指标群，分别涵盖了民族藏品内在属性信息、藏

品工作信息、影像资料信息等三个方面。

民族博物馆藏品信息指标体系同样分为三级指标，但是要突出民族藏品的几大属性，特别是民族属性、经济属性和社会属性。特别指出的是，民族藏品的民族属性是不同于其他藏品的核心属性。过去的《规范》并没有建立民族这一指标集，经济属性和社会属性也仅仅体现在藏品的研究成果里，并没有作为指标集、指标项纳入指标体系当中。因此，民族博物馆藏品信息指标体系应该将这三个属性纳入指标体系当中。

本课题对于民族博物馆藏品信息指标集的构建，主要从民族属性、经济属性、社会属性、地域属性、名称属性、功能属性以及其他指标集等角度出发进行研究，并结合《规范》对于指标集、指标项的划分，对 3 个指标群、34 个指标集、142 个指标项进行调整，从而将民族藏品的各种属性纳入指标体系当中。

二、《规范》对指标群、指标集、指标项概念界定的指导意义

《博物馆藏品信息指标体系规范（试行）》分为三个指标群，藏品信息指标群包含 20 个指标集：名称、类别、年代、地域、人文、质地、功用、工艺技法、形态、完残、光泽、装饰、题识内容、文字、自然特征、计量、计数、附件、附属物、备注等。藏品管理工作信息指标群包含 11 个指标集：搜集、入馆、鉴定、定级、现状、保护、提取、退还、事故、注销、统计等。藏品文档与声像资料信息指标群分为管理文档、研究论著、声像资料等 3 个指标集。

藏品信息指标群的 20 个指标集是按照藏品的内在属性和外在特征进行建构的，同时这些指标集也是文物鉴定、定级、分类的标准。《规范》将文物鉴定、定级、分类的标准作为信息指标体系的指标集，是对多年来文物研究成果、藏品管理研究成果的体现。民族藏品信息指标群的指标集，同样也要将民族文物研究的成果体现出来，也要根据民族博物馆藏品的内在属性和外在特征进行分析。特别需要指出的是，我们要结合国家文物局科研课题《馆藏民族文物界定、分类、定级办法》的研究成果进行民族博物馆藏品信息指标群的构建。

藏品管理工作信息指标群的11个指标集是按照藏品收集、入库、鉴定、定级、入库等藏品工作流程进行构建。这一指标群涉及文物保护、藏品管理、科学研究、展览参观、宣传教育等业务，因此是多角度、多用途的指标集。可以这么说，藏品管理水平的高低决定博物馆管理水平的高低。从民族博物馆藏品管理的工作实际出发，我们可以对这些指标集进行一定范围的调整。

藏品文档与声像资料信息指标群的3个指标集是考虑到现在技术发展的需要，特别是非物质文化遗产保护的需要，收集和藏品有关的文档、复印件、声像资料等显性的信息，进行三个方面的指标分析。

除了以上3个指标群外，另有指标解释和指标说明。指标解释和指标说明是对指标集、指标项的解释和说明，根据这个说明，可以指导专业人员规范信息的收集工作。因此，民族博物馆藏品信息指标体系中，指标解释和指标说明也是不可缺少的。由于民族文物和民族藏品的特殊性，我们要强化指标解释和指标说明在规范信息收集整理中的作用。

总之，现有的《规范》对于指标群、指标集、指标项的分类，对于我们认识藏品信息工作、藏品管理工作、藏品研究工作起到了很好的借鉴作用。说到底，民族博物馆藏品信息指标群、指标集、指标项的建构过程，实际上就是对民族博物馆文物藏品的科研过程，是建立在众多科研成果基础之上。民族博物馆藏品信息指标体系，要在这些成果的基础上进行分类、构建。

第三节　民族博物馆藏品信息指标编码要素

所谓编码是指对一种信息赋予代码的过程。一般说来，编码具有唯一性、扩展性、简明性、合理性、适用性、规范性等特征。[①] 对于藏品信息而言，《规范》根据 GB/T1.1－1993《标准化工作导则——标准编写的基本规定》、GB 7026－86《标准化工作导则——信息分类编码标准的编写规定》、GB 7027－86《标准化工作导则——信息分类编码的基本原则和方法》等规定进行标准化的编码工作。

《规范》的指标类目代码为字母数字混合型层次码。每一个完整代码分为 3 层，长度为 5 位。指标群用 1 位大写拉丁字母表示，指标集用 2 位阿拉伯数字表示，指标项用 2 位阿拉伯数字表示，其结构为：×××××。比如，藏品信息指标群（代码为 A）下的名称指标集（代码为 01）的原名指标项，其代码为 A0101。其他指标项也按照这样的编码方法进行编码。

对于民族博物馆的藏品信息指标，我们也将延续《规范》对于藏品信息指标编码的思路进行编码，但是需要做一些调整。首先，我们要分析藏品的民族属性，如何将其设为指标集，指标集下还有哪些指标项，这些问题都要进行充分的讨论。其次，藏品的经济属性也要转变成具体的信息指标项，通过信息指标项体现出藏品所反映的社会生产力、生产关系、生产制度。生产力、生产关系、生产制度等经济属性，作为民族博物馆藏品信息指标的要素。最后，藏品的社会属性反映的是藏品所处的社会生产、社会分工、社会分配、家庭形态、社会结构、社会组织、社会规范、社会复杂程度等，因此需要有相应的信息指标要素来体现民

---

① 韩永进：符号、结构与技术 [M]，北京：人民出版社，2007 年，第 28 页。

族藏品的社会属性。

　　以上这些藏品信息指标要素，我们将在后续的章节里进行详细的分析，同样也会使用《规范》的方法给增加的藏品信息指标进行编码。这样做的目的不仅是延续之前《规范》搭建指标体系的需要，更是为了规范和统一指标体系的需要。考虑到《规范》在综合类博物馆藏品管理中的指导性以及馆藏信息指标体系的广泛应用，民族博物馆藏品信息指标只能在《规范》基础上进行部分调整。

第四章　民族博物馆藏品民族属性指标集的建立

　　民族文物不同于历史文物主要在于其民族属性。民族博物馆不同于其他博物馆同样也在于其藏品所具有的民族属性。民族博物馆和其他博物馆最大的区别在于民族文物在所有藏品中的比重，如果馆藏民族文物在所有藏品中的比重很大，可以将其归为民族博物馆。另外，还要看看馆藏民族文物是否构成体系，是否可以做成专题展览。如果这些民族文物是孤件或者是少量藏品的话，很难归为民族博物馆的范畴。最后，我们还要看看馆藏文物的管理软件以及科研重点是否以民族文物为主，如果使用的藏品管理系统不能体现民族文物的所有类别，研究重点仍然是历史文物和其他文物，并没有从民族学的角度出发研究馆藏文物，那么，即便是拥有一些民族藏品，也很难归结为民族博物馆。因此，民族属性在民族文物、民族博物馆的界定中起到主导作用。

　　当然，很多藏品所蕴含的民族属性并非一个民族独有，可能具有几个民族的文化特征。另外，同一个民族在同一属性下可能具有不同的特征。因此，如何通过藏品的属性区分来进行民族识别，如何通过属性甄别追本溯源，找到本民族最具有特色的核心属性，这些问题在藏品民族属性研究中显得非常重要。另外，民族藏品和民族文物的定义如何界定？

　　我们认为，民族藏品的范围比民族文物的范围大，民族藏品可以是民族文物，也可以是民族工艺品。将民族工艺品纳入博物馆藏品的范畴，也是无可厚非的。今天的民族工艺品有可能就是明天的民族文物。从博物馆的职责看，民族博物馆也确实起到传承民族文化、民族工艺的作用。除了民族工艺以外，我们应该在非物质民族文化遗产的保护和传承中发挥应有的作用，应该将非物质民族文化遗产的物化成果纳入博物馆藏品的范畴。

从广义的民族概念出发，讨论古代民族文物能否归入到民族博物馆的研究范畴。目前，对于民族文物的研究一直以来比较薄弱，更谈不上古代民族文物的研究。但是，随着科研力量的增加，学术界对于古代民族文物的研究和认识不断深入，可以将古代民族文物纳入民族文物的范畴，把古代民族文物纳入民族博物馆的研究领域。

因此，本章将对民族博物馆的民族藏品的民族属性进行分析，探讨族属分类在藏品信息分类和检索中的地位，分析现有的少数民族与未识别民族定名标准，同时探讨跨界民族的分类问题，最后提出民族博物馆藏品族属标准集、指标项字段及描述的解决方案。

第一节　族属分类在民族博物馆藏品分类与检索中的首要地位

藏品的民族属性，是民族博物馆藏品信息分类与检索功能的首要因素。我们讨论藏品的民族属性，并不仅仅是对其进行民族识别，更重要的是呈现其民族特征，从而挖掘藏品的文物价值。通常说来，文物经历了三个阶段：生产、使用、废弃。过去，我们对于民族藏品多从生产环节进行认定，比如藏品的质地、造型、纹饰、铭文等，认定其生产者的民族属性；或者是以生产者的民族属性来认定藏品的民族属性。事实上，在使用阶段、废弃阶段（主要指随葬品），都会有族群的介入，比如，藏族在使用彝族的产品，土家族收藏纳西族画家的作品等。我们不能因为使用阶段、废弃阶段的情况难于认定，就否认这些藏品所蕴含的民族属性，更不能笼统地将一件文物定性为某个民族的文物。过去，我们一直强调，民族文物要反映本民族的生产生活、社会制度、宗教信仰的特征，但对于民族文物中的民族交流、民族之间的相互影响等民族属性很少进行探讨。

因此，我认为，对于民族文物的研究可以突破原先的思路，从文物的三个阶段对民族属性进行认定，将民族交流、民族影响等因素考虑进去。

一、民族属性和民族的分类

我们对于民族的分类主要是三个标准：（1）按照民族的起源。（2）按照语言的归属。（3）按照本民族自身的民族认同。[①]实际上，我们对于民族起源的研究也都是基于语言学的研究，同时辅之以考古资料、历史文献等资料。当然，随着科技的发展，分子人类学对于民族族属的认定也将会更加科学，甚至有可能会推翻之前的研究成果。总之，我们目前对于民族族属的研究，仍然以语言为主，同时也会参考一些习俗、信仰等因素。

按照语言，我们可以将56个民族分为九大族系：汉藏族、百越族、百濮族、三苗族、南岛族、阿尔泰族、印欧族以及回族和朝鲜族。

汉藏族系：语言学认为，与汉语、藏语有亲属关系的语言被归类为汉藏语系。我国共有18个民族属于汉藏语系。汉藏语系民族的起源多与中国古羌族文化传播有渊源，例如，世居于中国西南地区的彝族，根据民族史研究是古羌人在藏彝走廊南下过程中和西南当地一些土著部落长期融合而形成的古老民族。普米

---

① 杨堃：民族学概论［M］，北京：中国社会科学出版社，1984年，第13页。

族、纳西族和拉祜族等都与古代羌族有着深厚渊源。汉族和藏族的民族形成也与古羌人密不可分，无论从人类学还是从历史学研究视角，汉藏两民族同源，这一学说已经得到世界的公认。

百越族系：根据先秦史记载和考古学的证据，目前发现的距今7000年前的浙江"河姆渡文化"就是古越族文化的代表。按照中国古代文献记载，百越族群主要分布在中国东南部和南部，并传播至印支半岛的广大地区。古越文化与中原的华夏文化有很大差异，百越语为黏着型，与汉语的单音成义不同，由于长期与汉藏语系各民族杂居共处，古代百越语系民族的语言均属于汉藏语系。现代壮族和布依族等民族有自称僚人，中国广西的京族和越南的主体民族又是同一个民族，由于长期和南亚民族交往，在语言上和其他百越系民族差异很大。

百濮族系：百濮民族有佤族、德昂族和布朗族，百濮的称谓也源自中国古书记载，百濮是南亚语系孟－高棉语族的先祖。

三苗族系：三苗是对今天的苗、瑶、畲等族先民的称谓。三苗名称源于古代的"九黎""三苗"的文献记载，传说蚩尤为九黎首领，至今仍被苗人尊为祖先。瑶族源出太昊伏羲氏，畲族以少昊为始祖。三苗共奉盘瓠，这充分说明了三苗族与华夏族的渊源关系。蚩尤和炎黄并列，合称为"中华三祖"。

南岛族系：南岛族系有黎族和高山族，高山族在台湾地区又有十四族之说，从体质人类学和文化人类学观点看，这两个现代民族有着亲缘关系，有共同的祖先，和东南亚诸岛屿的民族有着深厚渊源。

阿尔泰族系：阿尔泰系民族自古以来主要分布在我国的北方草原地区，根据语言所属，阿尔泰系民族可分为突厥、蒙古和通古斯三个族系。生活在甘、青一带的撒拉族是古代西突厥乌古斯部撒鲁尔人的后裔。裕固族虽分布在西北地区，但分讲三种语言，主要是西部裕固语，属突厥语族；东部裕固语，属蒙古语族，还有汉语。宗教信仰上裕固族普遍信仰喇嘛教，从历史上看，裕固族与图瓦人都是突厥人。东乡族源于中亚撒尔塔人，信伊斯兰教，自元代以来由六种色目人发展出来。东乡族人讲东乡语，属阿尔泰语系蒙古语族，主要聚居在甘肃省。保安族信仰伊斯兰教，族源是来自中亚的色目人。保安语属阿尔泰语系蒙古语族。土族族名源于部分土族人自称"土昆""蒙古尔"，蒙古族称土族为"白鞑靼"，藏族称其为"霍尔"，土族是吐谷浑的遗民。土族语属阿尔泰语系蒙古语族。土族普遍信仰藏传佛教。阿尔泰系民族分布在西北和东北的广大地区，阿尔泰系民族的语言、文化和南方民族差异很大。

印欧族系：印欧系民族只有塔吉克族和俄罗斯族，塔吉克语属于伊朗语族，和伊朗人有渊源。俄罗斯族就是俄罗斯人的后裔，也包括部分中国人和俄罗斯人所生的后代。

其他族系：回族具有大分散、小聚居的特点，全国县级以上地区都有世居回族，回族是中国少数民族中分布最广的民族。现代回族通用汉语，但保留一些传统用语"小儿锦"。回族族源主要是古代定居于中国的西亚、中亚各民族和当地各族通婚，逐步形成的新的民族，形成时代较晚，是我国最年轻的一个民族，回族普遍信仰伊斯兰教。

朝鲜族：境内朝鲜族主要生活在中国东北地区，和现在的朝鲜、韩国人是同一个民族，属于跨境民族。在古代，其族源一般列为秽貊－扶余系，有朝鲜和韩国学者认为，朝鲜族是源于先秦时期的"东夷"，但缺乏考古学证据。朝鲜语属于黏着语，语法结构和突厥、蒙古、通古斯语类似，另有人认为朝鲜语和日语都属于阿尔泰语系。

以上分类是将56个民族进行更大类别和范围的分类，这样的分类能够让我们了解到不同少数民族之间的共性特征，从而更好地理解民族之间的起源和交流。另外，每一个民族都有一些分支，可以进行更加细致的分类。比如，我们可以分析彝族各个支系的区别，由于生活的地区、环境、气候不同，他们在大习惯是一致，小细节就不统一了。例如，在服饰的长短上，高山上的彝族，服饰要简单些，衣服和裤子都偏短，方便劳作；坝区和平原的彝族，服饰就比较夸张隆重。再比如，受到杂居的其他民族的影响，四川彝族和云南彝族在方言、歌舞、艺术以及信仰等方面也存在一定的差异。① 比如，黎族因为居住环境、生活环境、生活习俗以及语言方面的差异，分为哈、杞、美孚、润、赛等五大支系，每大支系中又有若干个小支系。②

以上两种关于民族的分类，无论是从民族起源和民族交流的分类，还是民族内部、民族分支的分类，都是为了让我们更好地了解藏品的民族属性，更好地了解藏品中的文化因素和文化特征，更好地了解民族形成过程中发生的文化交流。

二、民族博物馆藏品的核心属性——民族性

民族博物馆不同于其他博物馆的属性，并非博物馆建在民族地区，也并非博物馆名称上突出民族特点，而是在于所拥有的民族藏品多大程度上体现了民族属性，民族藏品数量是否占所有藏品的绝大多数。

过去，博物馆学界对于民族藏品的民族性有一定的认识，但并没有将其和历史类文物明显进行区分。特别是在一些综合类博物馆，民族藏品数量不多，也不构成体系，因此，对于民族藏品的研究较为薄弱，民族藏品的民族性也仅仅在民族学者、人类学者的讨论范畴里。刘卫国认为，民族博物馆的实践中常常存在过

---

① 中国彝族通史编委会编：中国彝族通史纲要 [M]，昆明：云南民族出版社，1993年，第7页。

② 罗文雄：黎族文物特点及其鉴定初探，见：民族文化宫博物馆编：中国民族文博第二辑 [C]，沈阳：辽宁出版社，2007年。

分依赖传统历史博物馆学理论，去民族学化的倾向。①

事实上，民族藏品的民族性有着丰富的内涵。首先，民族这一概念始于近代，严格意义的民族划分也是中华人民共和国成立以后。虽然在民族概念出现之前，我们对于族群的划分没有使用民族的概念。但是，我们已经意识到群体和群体之间存在着语言、习俗、服饰等不同。早在春秋战国时期，文献就有以华夏居中，东夷、西戎、南蛮、北狄配合四方的记述。《管子·小匡》和《礼记·王制》中也有关于中国、东夷、南蛮、西戎、北狄五方之民及其习性、语言、衣服、器用等不同的记载。其次，现有民族的划分是按照新中国成立前后那一时间段少数民族所体现出来的特征进行认定的。新中国成立以来，这些民族特征是否发生了质变，是否因为民族杂居、民族交流产生了文化错位。比如，一个民族的服饰模仿了另一个民族的服饰。同样的，新中国成立之前或者更早之前，很多少数民族的习俗也都是通过学习其他民族的习俗发展起来的。比如，云南一些少数民族的戏曲本身就是承袭汉代戏曲的遗风。少数民族承袭汉人遗风，给民族特征的认定带来了难度。因此，对于这些民族特征，我们只能根据20世纪50年代至80年代期间进行民族认定所使用的标准进行。最后，民族藏品的民族属性是我们认定少数民族的标准，之前民族学研究的标本对于少数民族的认定起到了非常关键的作用。但是我们也知道，少数民族的民族属性是不断变化的，因此，对于民族的认定要找到其核心的属性，特别是物化的民族文物、民族藏品等。可以这么说，物化的民族藏品可以作为我们认定民族的标准，将有助于我们保存民族的记忆、增强民族凝聚力，具有见证民族文化、传播民族文化的功能。

---

① 刘卫国：非物质文化遗产保护与民族博物馆［J］，中国博物馆，2006年2期。

第四章 民族博物馆藏品民族属性指标集的建立

从文化遗产保护的视野出发,我们还可以从文化内涵、政治内涵的角度来理解民族藏品的民族属性以及民族博物馆的职能。

首先,从民族属性的文化内涵来理解,民族博物馆具有文化传承的职能,特别是通过民族藏品的展示,可以起到还原民族生态的作用,让民族语言、民族技艺、民族信仰、民族习俗得以传承。从这个角度看,民族藏品和民族博物馆不可或缺,民族属性也应该在文化传承中强化。

其次,从民族属性的政治内涵来理解,民族博物馆具有意识形态维护的功能。民族博物馆建设以保护民族传统文化遗产为己任,是落实我国民族区域自治政策最好的体现。民族博物馆建设和民族藏品展览的过程,实际上是帮助少数民族重构文化,具有维护这一民族意识形态的职能。

一般说来,民族属性可以表现为多样的文化特征,比如物质文化、制度文化和精神文化等三个层面。民族文化又分为核心文化特征和其他文化特征。[1] 核心文化特征是这一民族独有的、区别于其他民族的特征。其他文化特征有可能是相近民族或者是中华民族共有的文化特征,更有可能是民族交流和民族融合的结果。

对于某种民族文化特征,我们有必要寻找其本源,区分其族属。我们可以梳理出某一种文化特征的发展脉络以及在不同民族之间存在的原因。这样的研究不仅有利于我们加深对少数民族的认识,也有助于我们理解民族文物的民族属性。

总之,文物藏品的民族属性对于我们了解民族之间的交流,进行民族甄别都起到了很好的实证作用。在全球化、信息化的当今社会,一些民族文化特征正在逐渐被淘汰,而且还有加速的迹象。如何做到多样化的生存,如何保存多样化的文化,已经成为

---

[1] 高宗裕:民族文物概论[J],今日民族,1995年S1。

一个世界性的课题。正因为如此，收集、整理和保护民族文化遗产成为民族博物馆乃至所有博物馆首要的任务。

三、民族学研究对象与民族博物馆藏品征集对象的统一

从民族博物馆的发展历史看，藏品的征集和民族学的研究对象有着比较密切的交集。本书无意对民族博物馆的发展历史进行梳理，主要探讨民族博物馆藏品征集的历史和民族学研究对象的变化。

首先，要区分古代民族文物和近代民族文物。

古代民族文物是指我国古代各民族创造的物质文化和精神文化的历史遗物、遗迹等实物资料。[①] 近代民族文物是指近代各民族劳动人民在社会生产生活中遗留下来的具有民族特色和历史、艺术、科学价值的遗迹、遗址等。[②] 由于二者在时间维度上的不同，加上研究方法不同，近代少数民族和近代民族文物成为民族学研究的对象，古代少数民族和古代民族文物成为考古学的研究对象。对于古代民族的研究，我们还使用了史料文献以及分子人类学最新的研究成果。从以上分类看，民族学的研究对象离不开民族文物和民族藏品，特别是近代民族文物和藏品。

其次，要区分广义民族文物和狭义民族文物。

据文献记载，古代民族有东北的夷、肃慎、挹娄、高句丽、女真，北方的狄、匈奴、胡、鲜卑、契丹，西北的戎、氐、羌、突厥、回鹘、党项，南方的三苗、越、巴、西南夷、僚、吐蕃等。[③] 这些古代民族的遗存应该是属于民族文物研究的范畴。

[①] 宋蜀华：从民族学视角论中国民族文物及其保护与抢救 [J]，中央民族大学学报（哲学社会科学版），2004 年 4 期。

[②] 陈睿：民族文物分期之我见 [J]，中国博物馆，2002 年 3 期。

[③] 沈庆林：近现代民族文物的鉴定问题，见民族文化宫博物馆编：中国民族文博第二辑 [C]，沈阳：辽宁出版社，2007 年。

第四章　民族博物馆藏品民族属性指标集的建立

所谓狭义的民族文物是指近代以来，各民族在社会生产活动中遗留下来的具有民族特色和历史、艺术、科学价值的遗迹和遗物。它包括清代、民国和中华人民共和国成立后三大历史阶段的遗迹和遗物。[①]

由于古代文物多为挖掘品，属于考古学研究的范畴。因此，民族文物主要指的是近现代少数民族文物，也就是狭义民族文物的研究范畴。这样的划分比较符合我国民族文物收藏和民族文博工作的实际。

最后，要区分生产者、使用者以及收藏者。

对于民族文物，我们要区分文物的生产过程、使用过程和收藏过程。在这些过程中，我们要对文物生产者、使用者和收藏者的族别进行确认和划定。在这三个过程中，不只是一个民族的行为，有可能是几个民族的行为。例如，彝族生产的生产工具，被白族购买和长期使用，最后被一名壮族的文物爱好者收藏。民族交流下的文物，其族属比较复杂，因此在文物征集的过程中要注意甄别。

那些具有典型民族风格的物品一直以来属于这一民族祖先所创造和使用，因此毫无疑问成为具有本民族特色的文化资源。但是，在各民族长期交往、交融的过程中，一些少数民族独有的物品和建筑被其他少数民族所采用，并在相当大的范围内推广，那么就有必要对这些文物和建筑物进行民族属性的界定。比如，侗族的鼓楼和风雨桥就有着非常明显的侗族特色，是侗族典型的建筑风格。

从民族文物的定义看，我们基本明确了民族文物征集的范围。可以这么说，文物征集实际上是随着我们认识的深入不断变

[①] 沈庆林：近现代民族文物的鉴定问题，见民族文化宫博物馆编：中国民族文博第二辑 [C]，沈阳：辽宁出版社，2007年。

化的。比如，从移动文物到不可移动文物的变化，从有形文物到无形文物的变化，从文化遗产到非物质文化遗产的变化。这些观念的变化，也推动着文物征集工作的变化。对于文物征集工作，我们不能过于僵硬地解读文物征集办法，不能墨守成规、一成不变，而应该根据文物保护的形势以及保护观念的变化做出调整。

征集本身就是取舍。在什么理念下进行藏品的征集，就能征集到什么类型的藏品，比如对音乐类非物质文化遗产的征集，我们就突破了过去对于物质类文化遗产的范畴。因此，我们要制定规范来指导征集工作，并要求工作人员带着规范去征集民族文物，不能盲目征集、随意征集。对于综合类博物馆而言，征集的范围可能很广，不用考虑征集对象之间的区别。但是对于民族博物馆而言，征集时要处理好民族文物和其他文物的区别、民族文物和民族工艺品的区别。

回顾民族博物馆的发展历史，我国民族博物馆是伴随民族学在中国的引进和传播而诞生和发展的。早期民族博物馆藏品的征集和收藏，是在民族学理论指导下，按民族志的方法进行，并作为民族学研究的标本征集上来的。后来，民族博物馆开始按照文物的价值标准来征集民族文物，并将这些标本作为藏品进行保管和展示。可以这么说，民族学理论和方法一直指导着我国民族文物的征集工作及民族博物馆各项工作。

民族学标本被认定为民族文物的过程，实际上是对于民族文物认识提升的过程。过去，我们对于民族学的研究对象特别是实物的收集，仅仅是从学科的角度出发。后来，随着遗产保护观念的逐步形成，以及遗产保护理论的发展，这些民族学的研究标本被纳入文物保护的范围，成为公共权力保护的对象。

因为之前民族文物的征集、鉴定、定级没有统一的规范，不同的民族博物馆在文物征集、分类方面都有着不同的标准。比如，贵州省黔南布依族苗族自治州民族博物馆在文物征集中，就明确规定：(1) 保存在少数民族民间，属于革命历史事件中产生的文物，征集收藏时归属于革命文物类别；(2) 在民间传承，但没有明显的民族属性特征，征集收藏时归属于历史文物类别；(3) 属于民族民间的各种实物，包括生产工具、生活用具、服饰及加工工具、宗教信仰用的道具及礼器、记事用具、婚姻关系的礼品信物、工艺品、文化娱乐用具、房屋建筑部件、石刻、木雕等，均列为民族文物。①

秦晋庭在《试论民族文物的征集范围》一文中认为，民族文物的征集范围可以从四个方面考虑：反映历史上各个发展阶段的各少数民族社会制度的代表性实物，反映历史上各个发展阶段的各少数民族社会生产的代表性实物，反映历史上各个发展阶段的各少数民族社会生活的代表性实物，反映历史上各个发展阶段的各少数民族工艺美术的代表性实物。②

生产力可以改变人们的生产生活方式，生产力的发展同样也会改变民族文物的生存环境。如佤族使用的锯木取火、黎族使用的钻木取火、拉祜族使用的擦竹取火、景颇族使用的压击骨木取火等取火方法已经消失，被现代化的取火工具如火柴、打火机等取代。因此，在征集过程中，需要口述以及更多的影像资料作为辅助，从而加深对文物背后的历史文化的了解。民族文物具有一定的情境性，也就是说，这些文物是在一定的民族情境里生产使用和遗弃。因此，我们在征集文物的过程中要注意一些辅助资料的收集，比如一些主人对于文物使用方法的讲述，并将这些辅助材料进行数字化的处理。

总之，民族文物是各民族创造的具有本民族风格和特点的，

---

① 王克松：中小型博物馆民族文物的界定、分类与定级——以贵州省黔南布依族苗族自治州民族博物馆为例 [J]，中国博物馆，2007 年 4 期。

② 秦晋庭：试论民族文物的征集范围 [J]，中国博物馆，1990 年 2 期。

能够反映其社会生产、社会生活、社会制度的各种器物，如生产工具、生活用品、工艺美术品以及服饰等。① 同时，民族文物也是一个民族群体在物质文化、制度文化、精神文化三个层面的集合体，能够帮助我们了解各少数民族的属性，从而丰富民族学的内容。

第二节　GB 3304-91 中国少数民族与未识别民族定名标准

　　GB3304-91 全称叫《中华人民共和国国家标准——中国各民族名称的罗马字母拼写法和代码》，是国家技术监督局根据我国目前各方面使用比较广泛的编排习惯，对 56 个民族的名称、代码进行排列，从而形成 3 个表格。其中，表 1 的第一栏按汉字笔数排列，表 2 的第一栏按罗马字母顺序排列，表 3 的第一栏按数字代码顺序排列。

　　GB3304-91 规定了我国各民族名称的罗马字母拼写法、字母代码和数字代码。民族名称按照其汉字拼音或外文使用罗马字母拼写法表示，字母代码用两个大写罗马字母表示，数字代码用两个阿拉伯数字表示。对于民族名称的变更、数量的增减，GB3304-91 规定，均由国家民族事务委员会予以审定，并于当年通知国家技术监督局。因此，对于一些未识别民族的定名，我们在延续 GB3304-91 定名、代码原则基础上可以做一些创新，但要在国家民族事务委员会的指导下进行，并要积极和国家技术监督局进行沟通。

　　按照民族名称第一个拼音的字母进行排列，我国 56 个民族

---

① 雍继荣：民族文物界定三议，见：民族文化宫博物馆编：中国民族文博第二辑 [C]，沈阳：辽宁出版社，2007 年。

第四章 民族博物馆藏品民族属性指标集的建立

有：阿昌族、白族、布朗族、保安族、布依族、朝鲜族、傣族、达斡尔族、德昂族、独龙族、侗族、东乡族、鄂伦春族、俄罗斯族、鄂温克族、高山族、仡佬族、京族、汉族、哈尼族、赫哲族、回族、基诺族、景颇族、哈萨克族、柯尔克孜族、拉祜族、珞巴族、黎族、傈僳族、满族、毛南族、苗族、门巴族、蒙古族、仫佬族、纳西族、怒族、普米族、羌族、撒拉族、畲族、水族、塔吉克族、塔塔尔族、土族、土家族、维吾尔族、乌孜别克族、佤族、锡伯族、瑶族、彝族、裕固族、藏族、壮族。

这些民族的罗马字母拼写法分别是 Achang、Bai、Blang、Bonan、Buyei、Chosen、Dai、Daur、Deang、Derung、Dong、Dongxiang、Oroqen、Russ、Ewenki、Gaoshan、Gelao、Gin、Han、Hani、Hezhen、Hui、Jingpo、Jino、Kazak、Kirgiz、Lahu、Lhoba、Li、Lisu、Man、Maonan、Miao、Monba、Mongol、Mulao、Naxi、Nu、Pumi、Qiang、Salar、She、Sui、Tajik、Tatar、Tu、Tujia、Uygur、Uzbek、Va、Xibe、Yao、Yi、Yugur、Zang、Zhuang。

其字母代码分别是 AC、BA、BL、BN、BY、CS、DA、DU、DE、DR、DO、DX、OR、RS、EW、GS、GL、GI、HA、HN、HZ、HU、JP、JN、KZ、KG、LK、LB、LI、LS、MA、MN、MH、MB、MG、ML、NX、NU、PM、QI、SL、SH、SU、TA、TT、TU、TJ、UG、UZ、VA、XB、YA、YI、YG、ZA、ZH。

可以看出，我国少数民族并非全都是根据汉字名称进行罗马字母拼写的，比如朝鲜族、俄罗斯族、鄂伦春族、哈萨克族、柯尔克孜族、蒙古族、塔吉克族、塔塔尔族、维吾尔族、乌孜别克族等民族，使用的是这些民族的英文名来拼写。因此，其罗马字母拼写法、字母代码只能根据其英文名进行排列。GB3304－91规定的56个民族的民族名称、罗马字母拼写法、字母代码、数字代码，可以适用于文献工作、拼音电报、国际通讯、出版、新闻报道、信息处理和交换等方面。

在 GB3304-91 分类的基础上，本书认为，需要对这 55 个少数民族进行分类。第一个分类是将民族属性较近的民族进行归类。第二个分类就是对有分支的民族进行更为细致的分类。目前，对于少数民族的归类，多从语系语言的角度进行，同时也会参考地域分布的因素。所谓的语系是具有共同来源的诸语言的总称。同一语系内，按各语言之间亲属关系的远近，可分为若干语族；同一语族可再按关系远近分为若干语支。① 目前的语系可以分为印欧语系、汉藏语系、乌拉尔语系、阿尔泰语系、闪-含语系、高加索语系、达罗毗荼语系、南岛语系（又叫马来-玻利尼西亚语系）、南亚语系。

在我国，汉藏语系分为汉族语族、藏缅语族、壮侗语族、苗瑶语族四个语族。汉族语族的民族有汉族；藏缅语族的民族有藏族、门巴族、景颇族、彝族、哈尼族、纳西族、傈僳族、基诺族、拉祜族、阿昌族、白族、羌族、普米族、珞巴族、独龙族、土家族、怒族；壮侗语族的民族有壮族、布依族、傣族、侗族、水族、仫佬族、毛南族、黎族；苗瑶语族的民族有苗族、瑶族、畲族，以及语族未定的仡佬族。

如果考虑到地域、民族传说以及文献记载等因素，我们可以将壮侗语族的壮族、布依族、京族等归为百越族系，把苗、瑶、畲三个民族归为三苗族系，把佤族、德昂族、布朗族、仡佬族归为百濮族系，把黎族、高山族归为南岛族系。

百越族系源于考古学的河姆渡文化，虽然语言属于汉藏语系，但一直居住在我国的东南部和南部，和华夏文明有着很大的

---

① 高名凯、石安石主编：语言学概论 [M]，北京：中华书局，1987 年，第 11 页。

差异。三苗族系源于古书的"九黎""三苗"的记载,蚩尤为九黎首领,是苗人的祖先。蚩尤和炎黄并列,合称为"中华三祖"。百濮的称谓也源自中国古书记载,百濮是南亚语系孟-高棉语族的先祖。南岛族系有共同的祖先,和印度尼西亚诸岛屿的民族有渊源。

除了汉藏语系外,在我国,还有使用阿尔泰语系、南亚语系、南岛语系、印欧语系语言的民族。比如,阿尔泰语系下有古代西突厥乌古斯部撒鲁尔人的后裔撒拉族,突厥人后裔裕固族,中亚色目人后裔保安族,契丹人后裔达斡尔族,吐谷浑的遗民土族,阿尔泰语系蒙古语族有东乡族、蒙古族,阿尔泰语系满-通古斯语族有鄂伦春族、鄂温克族、赫哲族、满族、锡伯族,阿尔泰语系突厥语族有维吾尔族、哈萨克族、柯尔克孜族(吉尔吉斯族)、塔塔尔族、乌孜别克族。南亚语系佤族、德昂族、布朗族,印欧族系有塔吉克族、俄罗斯族、南岛族系高山族、古阿拉伯人和汉族的后裔回族,未定语系的朝鲜族等。在云南、西藏,还有待识别民族成分的岔满人、僜人等。

通过以上的归类,我们对于55个少数民族的共性有了一定的了解,可以根据他们的共性进行更多的排列组合,做到一目了然,便于我们从民族属性上对民族文物进行分类,也便于我们将类似或相近的文化特征进行梳理。总之,从民族共性角度出发的归类有助于民族藏品的征集、展览以及研究。

一、中国少数民族的现状

少数民族的分支研究是一种更加细致的分类,有助于我们对各少数民族的民族属性有更深入的了解。因此,本课题从少数民族所在的地理自然环境、经济文化类型、社会发展水平、族属分支情况、语言语族语系等因素对55个少数民族进行更加细致的分析,不仅能够了解我国少数民族的历史及现状,而且还有助于我们了解民族藏品的产生背景。①

阿昌族：云南境内最早的世居民族之一，聚居在高黎贡山余脉的丘陵山地、峡谷平坝，主要从事水稻种植等农业，手工业也很发达。新中国成立前，阿昌族地区主要是封建领主经济，普遍发生典当、抵押和买卖土地现象。长期和汉、傣等民族交错杂居，现有两种方言，梁河方言借汉、载瓦、傈僳、白等民族的语词较多；户腊撒方言则借傣、缅、景颇等民族的语词较多。普遍信仰小乘佛教，因受汉族影响，也崇拜祖先。

白族：云南、贵州、四川、湖南和湖北五省是白族世世代代的居住地，但80％的白族居住于云南，且以苍山洱海和滇池为中心的地区生息繁衍。平坝地区种稻米、小麦，山区的则以玉米、荞麦为主。新中国成立前，封建地主经济占绝对优势，有一些资本主义经济的苗头，但在部分山区特别是高山地区，还保持着封建领主制、奴隶制以至原始公社等残余。白族有自己的语言，信奉原始宗教、佛教、道教和本民族的本主信仰。

布朗族：主要分布在云南省西双版纳傣族自治州的勐海、景洪和临沧等地。分山地和平原两种不同的民族文化，生活在布朗山上的布朗族人还保留着不同程度的原始公社残余，在平坝地区生活的布朗族人已进入封建地主经济发展阶段。布朗族的歌舞受傣族歌舞影响较大，使用布朗语，有布朗、阿尔佤两种方言，多信奉小乘佛教。

保安族：聚居区位于甘肃、青海交界的积石山下，长期与当地东乡、撒拉、藏等族交往、通婚，主要从事农业、手工业，以打刀为主，饮食多以小麦、青稞和玉米为主，信奉伊斯兰教，故生活习俗深受伊斯兰教影响，同时又保留了蒙古族的某些习惯，

---

① 少数民族介绍综合了民族学众多研究成果，且在百度百科、谷歌等，在此不做详细的注解。

第四章　民族博物馆藏品民族属性指标集的建立

形成了自己独特的民族特点。保安族没有自己的文字，通用汉字。

布依族：云贵高原东南部的土著居民，和壮族同源，但主要生活在贵州、云南、四川，三省的布依族有所不同。以农业为主，种植水稻的历史较为悠久。布依族的蜡染久负盛名。除蜡染之外，布依族民间传统工艺还有扎染、织锦、刺绣、木雕、石雕、竹编等。布依族家庭都是分居另住的，新中国成立前，存在一夫多妻的个别现象。云南的布依族有初一到初三吃素的习惯；四川的布依族每年除夕或初一都必须吃鸡肉稀饭，民间称血米粥。布依族只有本民族语言而没有本民族语文字。布依族信仰多神，崇拜自然和祖先，也有少数信仰基督教。

朝鲜族：是东北亚主要民族之一，长期以来在中国东北或是聚居或是与其他民族杂居。主要从事农业，擅长在寒冷的北方种植水稻。在朝鲜族社会，父子关系是一切人伦关系的基础。朝鲜族聚居的地区，土地肥沃、资源丰富，是中国主要林区之一，新中国成立前处在封建地主经济发展阶段。受汉族影响较深，房屋建筑与汉族多有相似之处。通用语言为朝鲜语，有文字。

傣族：是一个跨界民族，与缅甸的掸（傣）族、老挝的主体民族佬族、泰国的主体民族泰族、印度阿萨姆邦的阿洪傣有着一定的渊源关系。傣族较早栽培稻谷和使用犁耕，有坝区民居、山区民居之分。新中国成立前，傣族社会是由封建领主经济向封建地主经济发展的历史过程。景东、新平、元江等地区的傣族社会生产力发展较快，西双版纳、德宏等边疆地区傣族社会的发展则相对的较为缓慢。傣族家庭的基本形态多为一夫一妻制的母权制小家庭，在西双版纳、耿马、孟连等地，新中国成立前还保留着较多对偶婚的残余。分德宏傣语（傣那语）、西双版纳傣语（傣泐语）、红金傣语、金平傣语（傣端语）等多种傣语，普遍信仰南传上座部佛教。

达斡尔族：据考证族源为契丹，主要聚居在内蒙古自治区和黑龙江省。达斡尔是农业民族，也曾从事狩猎业。至 20 世纪初，达斡尔族中还保留着氏族组织残余，每个哈拉分化为若干莫昆。进入阶级社会以后，莫昆逐渐成为氏族贵族，氏族民主制度不复存在。到 20 世纪初，居住嫩江中上游流域的达斡尔族仍然较完整保持着原来的民俗文化。达斡尔族多信仰萨满教，盛行自然崇拜、图腾崇拜和祖先崇拜。

德昂族（又名崩龙族）：主要居住在云南省潞西市与镇康县，与傣族、景颇族、佤族等民族杂居。居住在德宏地区的德昂族自称"德昂"，居住在镇康、耿马等县的则自称"尼昂"或"纳昂"。"别列"支系也称为"红崩龙"，"汝买"支系也称为"黑崩龙"，"汝波"支系也称为"花崩龙"。家庭类型分为两种：一种为德宏傣族景颇族自治州一带的小家庭类型；一种为临沧地区的镇康、耿马等县的具有大家庭到小家庭过渡特征的类型。德昂族有自己的语言和文字，而且有三种方言。

独龙族：世居地位于高黎贡山以西，主要分布地区为云南怒江州贡山独龙族怒族自治县，史籍称之为"俅人"。独龙族自古生活在崇山峻岭之中，生产力水平低下，社会发展较为迟缓。新中国成立前后仍保留着浓厚的原始公社制残余，具有父系家族公社的明显特征。经济以刀耕火种的粗放农业为主，生产和生活主要集中在河谷和山麓平台上，仍有采集和狩猎等活动。生产工具十分简陋，保留着原始锄耕，没有使用犁耕，使用树枝的天然勾曲部分制成的小木锄挖地。社会分工不明显，多为男女之间的自然分工。独龙族崇拜自然物，相信万物有灵，没有本民族文字，多靠刻木结绳记事、传递信息，有自己独特的历算法。

侗族：主要分布在贵州、湖南、广西、湖北等地，祖先可以追溯到秦汉时期的百越、干越。侗族主要从事农业，兼营林木，进入封建地主经济发展阶段，社会内部某些氏族组织残余，如以地域为纽带具有部落联盟性质的"合款"。侗族人民的饮食以大米为主要食物，平坝地区以粳米为主，山区则多食糯米。侗族还以建筑艺术见长，每个寨子都有造型别致的木楼。侗族又有南侗和北侗之分，南部侗族服饰非常精美。侗族使用侗语，分南、北部两个方言，无文字。侗族人信仰多神，崇拜自然物，古树、巨石、水井、桥梁均属崇拜对象。

东乡族：主要聚居在甘肃省临夏回族自治州东乡族自治县以及积石山保安族东乡族撒拉族自治县。东乡族主要从事农业，善种瓜果，也从事畜牧业，比较早地建立了封建的生产关系。东乡族的族源和形成，是以撒尔塔人为主，与当地回族、汉族及少量的蒙古族等逐渐融合而成。新中国成立前，东乡族的伊斯兰教的教派和"门宦"制度极为复杂。使用东乡语，没有本民族文字，信奉伊斯兰教。东乡族的饮食禁忌、民族禁忌与信仰伊斯兰教的其他民族基本相同。

鄂伦春族：分布在内蒙古自治区和黑龙江省交接处的大小兴安岭中，长期以狩猎生活为主，采集和捕鱼为辅。鄂伦春族是一个带有原始公社残余的游猎民族，猎获物在部族内平均分配，保存着一些原始社会共同消费和平均分配的习惯。该族手工业主要有皮毛制品和桦皮制品，多由妇女制作。在长期的游猎生活中形成的狍皮服饰文化极富民族特色。鄂伦春族使用本族语言鄂伦春语，但没有本民族文字。鄂伦春族人普遍信仰萨满教，崇拜自然物，相信万物有灵，盛行对祖先的崇拜。

俄罗斯族：俄罗斯族的先民最早居住在欧洲东部，被中国称为色目人，18世纪俄罗斯族的祖先由沙皇俄国迁入中国。俄罗斯族多居住在城镇的，大多从事各种修理业、运输业和手工业，部分还兼营农业。俄罗斯族人的饮食，在许多方面保留着早期在俄国生活的传统习俗，同时又深受汉族和其他民族的影响。其民间工艺十分丰富和发达，对新疆和黑龙江等地的民间工艺有着极为深刻的影响。俄罗斯族有自己的语言和文字，多信仰东正教。

鄂温克族：主要分布在中国东北黑龙江省和内蒙古等地。由于自然条件不同，各地区鄂温克族的生产生活方式存在着比较大的差异，主要包括以以畜牧业为主、以农业为主、以半农半猎为生和以传统的狩猎业为主四种。从事农业和半农半猎的鄂温克族居民早已进入封建社会，生活在原始森林中的极少数人尚处于原始社会末期父系家族公社阶段。鄂温克族有自己的语言，包括三种方言，没有本民族文字。鄂温克族信仰萨满教，部分人还同时信仰藏传佛教，盛行动物崇拜、图腾崇拜和祖先崇拜。鄂温克人敬火如神，在喝酒、吃肉前，要向火里扔一块肉、洒上一杯酒后才能进食，新婚夫妇结婚时要敬火神；同时对火也有许多禁忌，如不许用水泼火，不许向火里扔脏东西，不许女人从火上跨过，不能用脚踩火等。

高山族：主要居住在中国台湾地区，也有少数散居在祖国大陆福建、浙江等沿海地区。1954年3月14日，台湾当局规定：高山族包括泰雅、赛夏、布农、邹族、鲁凯、排湾、卑南、阿美、达悟-邵族10个族群。至2001年7月17日，台湾地区已确认的高山族族群为13个。高山族以稻作农耕经济为主，以渔猎生产为辅，通过刀耕火种技术种植农作物，饲养猪、鸡、犬等家畜家禽，兼营打猎和捕鱼。高山族没有文字、货币，也没有建立城市，但有自己的政治制度、土地制度、经济与宗教体系等，具有古越人典型的文化特质。宗教信仰方面，高山族保留着原始宗教的信仰和仪式，他们崇拜精灵，各族群信仰的神不一，有天神、创造宇宙之神、自然神等。

仡佬族：散居贵州、云南、广西及越南等地，与古代贵州一代的僚人有渊源关系。以农业为主，平坦地区多种水稻，山区旱地多种杂粮，属稻作农耕经济文化类型中的一种。仡佬族较早就掌握了冶炼和锻造技术，擅长冶炼铸造铜铁器。仡佬族有自己的

第四章 民族博物馆藏品民族属性指标集的建立

语言,没有文字。因为居住分散,各地仡佬语差别很大,多数仡佬族人会说汉语、苗语、彝语、布依语等多种语言。仡佬族本民族的方言差别也很大,例如黔北方言的仡佬族自称"哈给",黔中方言的仡佬族自称"告"或"德佬",黔西方言的仡佬族自称"补尔",黔西南方言的仡佬族自称"多洛"。

京族:也称为越族,是越南的主体民族,主要分布在广西壮族自治区防城港市。京族以渔业为主,农业为辅,属沿海渔业和农耕混合的经济文化类型。饮食以大米为主,食鱼虾较多。过去的居屋多为干栏式建筑,以木为柱,以竹、泥为墙,茅草为盖,属草庐茅舍一类,易于搬动。长期以来,京族保存以"翁村"为首的社会组织。"翁村"意为乡长或乡正,负责处理村内事务及纠纷,监督执行村约,主持祭祀仪式,筹办公益事业。京族使用京语,京语与越南语基本相同,没有文字,他们主要信仰道教、佛教,少数人信仰天主教。

哈尼族:云南是哈尼族世居地,主要分布于云南西南部,在缅甸、老挝、泰国也有分布,缅甸、老挝称其为高族。哈尼族大多居住在海拔 800~2500 米的山区,主要从事农业,梯田稻作文化尤为发达,并成为重要的文化景观。哈尼族的地区发展不平衡,人口占绝大多数的哀牢山、无量山地区以种植水稻为主,兼种旱稻,经济较为发达,而居住在澜沧江流域的哈尼族人以种植旱稻为主,兼种水稻,经济相对落后。哈尼族使用哈尼语,内部可分三种方言和若干土语,没有文字,1957 年创制了以拉丁字母为基础的文字。哈尼族人认为万物皆有灵,人死魂不灭,盛行自然崇拜和祖先崇拜。[①]

赫哲族:在俄罗斯称为那乃人,在我国境内的人数较少,主要居住在黑龙江省同江、抚远、饶河等市,是中国北方唯一以捕

---

① 杨堃:民族学概论 [M],北京:中国社会科学出版社,1984 年,第 43 页。

鱼为生的民族。捕鱼和狩猎是赫哲人衣食的主要来源。赫哲族先民的历史可追溯到6000多年前，在先秦时称肃慎，汉魏时称挹娄。在新中国成立前其社会发展尚停留在原始社会末期父系氏族阶段。赫哲族使用赫哲语，没有本民族文字。赫哲族信仰萨满教，相信万物有灵，盛行祖先崇拜和自然崇拜。

回族：是中国少数民族中散居全国、分布最广的民族，是由中国国内及国外的波斯、阿拉伯、中亚各族人等多种民族成分在长时期历史发展中形成的民族。回族有小集中、大分散的居住特点。在内地，回族主要与汉族杂居，而在边疆，回族主要与当地少数民族杂居。他们主要从事农业，兼营牧业、手工业，擅长经商。回族分布较广，食俗各异。回族人在居住较集中的地方建有清真寺，由阿訇主持宗教活动。

基诺族：为云南地区特有民族，主要聚居于西双版纳州景洪市基诺山基诺族乡。"基诺"一称来自其主要聚集区"基诺山"。新中国成立前，基诺族社会尚处于原始社会末期向阶级社会的过渡阶段，保留基诺族的许多旧俗。基诺族农村公社是由不同氏族成员共居的地缘村落（巴朵寨除外），每个村社就是一个独立的村寨。土地所有制的基本形式是村社公有，其内部占有形式则分为村社共有、氏族或父系大家族公社公有、个体家庭私有三种。父系大家庭公社共居一处，但分居各房间的小家庭却又是个体经济，单独生产和消费，呈现了父系大家庭公社末期的过渡状态。基诺族以刀耕火种的农业为主，使用的基本上是铁制的农具。采集和狩猎是基诺族一项重要的家庭副业。基诺族有自己的语言，无文字，过去多靠刻竹木记事。基诺族盛行自然神崇拜，阿匹额额为其主神崇拜，并以其为创世神。在葬俗方面，基诺族实行独木棺土葬。

景颇族：缅甸称克钦族，是一个主要居住在缅甸克钦邦掸邦和中国云南省的一个民族，先民与古代的氐、羌有关。景颇族主

第四章 民族博物馆藏品民族属性指标集的建立

要从事农业，种植水稻、玉米、旱谷等作物。云南地区的景颇族有四个主要的支系：景颇、载瓦、勒期和浪俄，其中载瓦支系最大，人口众多。景颇族男女求偶成婚，必须恪守姨表不婚，同姓不婚。景颇族没有成文法，社会秩序靠传统的习惯法——"通德拉"来维持。新中国成立前，长期存在"山官制"，山官们是元、明以来从原始农村公社分化出来的世袭贵族，有着原始公社制的残余。景颇族家庭中尚保留幼子继承制，有自己的语言和文字，有景颇文和载瓦文两种语言。景颇族崇信万物有灵，认为自然界中的万物的鬼灵都能对人起作用。

哈萨克族：分布在中国新疆北部，大部分从事畜牧业，少数经营农业定居。新中国成立前，哈萨克族绝大多数人过着逐水草而居的游牧生活，生活在高山山麓、河谷、盆地，逐水草而居，视季节变化，迁徙到最适宜放牧的牧场。尽管多为游牧的生计模式，哈萨克族还处于宗法封建社会阶段。家庭为严格的父系家长制，实行氏族外婚制，继嗣是男继女不继，按传统习惯，实行财产幼子继承制。哈萨克族大多信仰伊斯兰教，有些牧民仍保留着萨满教的残余。

柯尔克孜族：与吉尔吉斯族是指同一个民族，即中国史籍记载的黠戛斯，主要分布于新疆西部的克孜勒苏柯尔克孜自治州。柯尔克孜族属于游牧民族，以畜牧业为主。社会组织基本形式是氏族部落制，实行外婚制，习惯上一般直系七代和旁系五代的亲属之间不能通婚。柯尔克孜族有自己的语言和文字，使用阿拉伯字母拼写柯尔克孜语。他们最早信仰原始宗教萨满教，现在皈依伊斯兰教，又有原始信仰的残余。

拉祜族：主要分布在澜沧江两岸思茅、临沧两个地区。拉祜族源于甘肃、青海一带的古羌人，有"拉祜纳"（黑拉祜）、"拉祜西"（黄拉祜）、"拉祜普"（白拉祜）等支系。拉祜族以锄耕农业为主，旱谷、水稻、玉米是其主要作物。新中国成立前，各地拉祜族的社会发展极不平衡，主要分两个地区，云南澜沧县东北部、临沧市、双江县、景谷县、镇沅县、元江县、墨江县等地的拉祜族，已处于封建地主经济阶段，生产水平与当地汉、傣族大体相当，但生产技术落后。云南澜沧县西南部、孟连县、西盟县、耿马县、沧源县及西双版纳等地的拉祜族，由于历史原因被纳入傣族封建领主经济体制下，生产力水平低下，带有浓厚的原始经济残余，这类地区的拉祜族主要从事山地农业，兼营狩猎、采集和养蜂。拉祜族有自己的语言，有分拉祜纳和拉祜西两大方言。拉祜族没有文字，刻木、结绳记事的情况仍然存在。1957年，国家为拉祜族创造了一种拉丁字母的拼音文字，但红河州内至今未曾试行。拉祜族人喜欢黑色，服装大都以黑布衬底。他们认为自然界由一种可敬可畏的神秘力量——精灵主宰，崇尚自然崇拜。

珞巴族：主要分布在西藏东起察隅，西至门隅之间的珞渝地区，在麦克马洪线以南的印占区有分布，大部分居住在雅鲁藏布江大拐弯处以西的高山峡谷地带。珞巴族内部部落众多，主要从事农业和狩猎，停留在"刀耕火种"阶段，处于原始社会末期的家长奴隶制阶段。珞巴族有自己的语言，没有本民族文字，长期保留着刻木、结绳记事的原始方法。他们以崇拜鬼神为主，相信万物有灵。

黎族：源于古代百越民族的一支分支，主要聚居在海南省中南部，有"哈""杞""美孚""润（本地黎）""赛（加茂黎）"等支系。黎族以农业为主，种植稻、薯、玉米等作物，手工业、渔猎、饲养家畜家禽、采集野生植物是其重要的家庭副业，黎族妇女擅长纺织，"黎锦""黎单"闻名于世。新中国成立前，社会形态虽是封建社会，但发展不平衡，还保留"峒"（或称"弓"）的社会组织。黎族没有形成统一的宗教信仰，各地均以祖先崇拜为主，也有自然崇拜，个别地区还残留着氏族图腾崇拜的痕迹。

傈僳族：发源于青藏高原北部，为氐羌族后裔，是云南特有民族，主要聚居于滇西、滇西北怒江、澜沧江和金沙江两岸傈僳族的河谷山坡地带，现今可分为南、北两群。南、北傈僳语也有些差异，北群为白傈僳和黑傈僳，南群为花傈僳。傈僳族以农业为主，多使用为干栏式竹木结构的二层楼房。新中国成立以前，傈僳族社会经济发展很不平衡，进入封建地主经济社会，存在着原始的公有制和家长奴隶制的残余。傈僳族有自己的语言，无文字。傈僳族信奉原始宗教，崇拜自然，相信万物有灵，崇拜祖光。

满族：旧称女真，是中国最古老的民族之一，散居中国各地，以居住在辽宁的为最多。早期满族先民生活在白山黑水即长白山以北、黑龙江中下游、乌苏里江流域的广阔地区，在中国历史上曾两度在中原建立王朝，和汉族等其他民族的交流比较频繁。保留民族特色、血统最正的满族人多在东北地区。对于新中国成立前后满族的社会发展阶段，很难做出界定。作为统治过汉族的少数民族，满族学习了较为先进的技术，选择了城市生活。但是，东北地区的满族仍然保留着民族传统。满族有自己语言和文字，信奉萨满教。

毛南族：是中国人口较少的山地民族之一，是岭南百越支系发展而来，大部分居住在以广西茅难山为中心的环江县上南、中南、下南一带。主要经营农业，惜土如金，有"土能生黄金，寸土也要耕"的俗谚，还有其他副业。毛南族编织和雕刻具有独特的民族风格。毛南族人以同姓同族聚居，村落依山而建，保持干栏式建筑的特点，他们有自己的语言，没有文字，信仰多神多教。

苗族：源于我国史籍称为"南蛮"的氏族或部落。与汉族有一些差别，苗族地区多实行自主管理。西江苗族的自然领袖分为"方老"、"寨老"、"族老"、"理老"、"榔头"、"鼓藏头"、"活路头"等，不同性质的自然领袖承担着不同的职责。由于迁徙历史比较独特，苗族在建筑选材和房屋构建形成自己特有的风格。苗族服饰多达200种，除盛装与便装之分外，还有年龄和地区的差别。有自己的苗族历法，盛行自然崇拜、图腾崇拜、祖先崇拜等，迷信鬼神、盛行巫术。①

门巴族：中国具有悠久历史文化的民族之一，主要分布在西藏等地区。由于地理环境和历史的原因，门巴族的生产力水平一直处于缓慢发展状态。由于人们在土地所有制关系中所处的地位不同，在门巴族社会里，存在着农奴主和农奴两种人。门巴族的农业耕作方式还停留在刀耕火种和锄耕、木犁犁耕阶段，生产工具是铁木器并用，以木制工具为主。他们主要从事农业，种植水稻，也兼营畜牧业和狩猎，擅长竹藤器的编织和制作各种木碗。门巴族村寨相对分散，属于封建农奴制与门巴族的原始村社相结合的复合社会形态。门巴族有门巴语，但是没有本民族的文字，主要信仰本教（一种原始的巫教）和喇嘛教。

蒙古族：是东亚主要民族之一，也是蒙古国的主体民族，是一个历史悠久而又富于传奇色彩的民族，主要分布在内蒙古地区，过着"逐水草而迁徙"的游牧生活，也有部分定居城镇。蒙古族主要经营畜牧业，从事加工业、耕种业和工业，蒙古包和勒勒车是他们游牧生活的伴侣。按其生活方式和发展水平，大致分为"草原游牧民"与"森林狩猎民"两类。蒙古族有内蒙古、卫拉特、巴尔虎布利亚特三种方言，有自己的文字。蒙古人信奉古老的萨满教，崇拜多种自然神灵和祖先神灵。

仫佬族：是中国人口数量不多的一个山地民族，大多数居住在广西罗城仫佬族自治县。他们自称"伶""谨"，壮族称之为"布谨"，是由古代的"僚人"发展演变而来的。仫佬族多住在山

---

① 杨堃：民族学概论［M］，北京：中国社会科学出版社，1984年，第73页。

区或半山区，依山傍水建立村落，主要从事农业，种植水稻、玉米等。仫佬族多是同姓聚族而居，自成村落，有的族内设有族长，通过推举产生。仫佬族日常讲话用仫佬语，没有本民族文字，没有统一的宗教，由其先民的自然崇拜，发展到信仰多神。

纳西族：是中国西南少数民族，系古羌人后裔，聚居地分布于云南、四川和西藏交界处的丽江及其毗邻地区。新中国成立前，仍基本处于封建领主经济阶段，并保持着对偶婚和母系家庭残余。纳西族信仰东巴教、藏传佛教，东巴教是纳西族特有的宗教。东巴文化包括东巴文字、东巴经、东巴绘画、东巴音乐、东巴舞蹈、东巴法器和各种祭祀仪式等，东巴文是一种象形文字。

怒族：主要分布在云南省怒江地区，是怒江和澜沧江两岸的古老居民。新中国成立前，仍停留在原始社会末期的水平，生产力水平十分低下，保留以花木枯荣为时序、靠结绳刻木传递信息、以刀耕火种为耕作方式等许多人类远古的生活习惯，保存着以血缘为纽带的家族公社的某些特点。怒族以从事农业为主，狩猎、采集为辅。新中国成立后，怒族农业生产取得长足发展，在其他的兄弟民族的帮助下，生产力得到发展，生产技术也不断提高。怒族地区传统的经济结构的变化极为显著，开始向多元化、产业化方向发展，工业、手工业、商业等已从农业中分离出来。宗教信仰方面，怒族主要信奉原始宗教，认为万物有灵，凡举风、雨、日、月、星、辰、山、林、树、石等，都是其崇拜的对象。

普米族：是中国具有悠久历史和古老文化的民族之一，与中国古代氐羌族系有渊源关系，在普米族的生活习俗及民族文化中，仍能看到远古游牧部落、民族的遗风。普米族主要聚居的滇西北地区，属横断山脉纵谷区中部山原地带，村落多分布于半山缓坡地带，以血缘的亲疏关系各自聚族而居。普米族有自己的语言，没有本民族的文字，仅发现有一种处于文字前身状态的刻画符号，现在大多使用汉文，有自己的天文历法。普米族人的宗教信仰，既有祖先崇拜，也有信仰藏传佛教的，还残存着对自然的崇拜。

羌族：是古代羌支中唯一保留羌族族称及传统羌文化的少数民族，主要聚居地在陕西、山西、甘肃南部、四川西南、云南部分地区。氐羌族群是中原对西部民族的称呼，并非一个单一的民族，他们有着不同的语言、服饰、习俗等，保留在多神崇拜的原始宗教信仰阶段，以自然崇拜和祖先崇拜为主。羌族有自己的语言，羌语可分为南北两大方言。

撒拉族：主要聚居在青海省循化撒拉族自治县和化隆回族自治县黄河谷地等地。撒拉族主要从事农业，兼营畜牧业，注重园艺。新中国成立前，在自给自足的自然经济下，完整地保存着封建经济的特征。撒拉族社会基本的组织结构是启木苍（意为家庭），若干个启木苍又组成一个"阿格尼"（意为近亲组织），若干个"阿格尼"又形成了一个"孔木散"（意为远亲组织），若干个"孔木散"又形成了一个"阿格勒"（意为村庄），若干个"阿格勒"又形成了一个"乔尼"（意为较大的居住区域），这些呈金字塔形的社会组织有各自的功能，社会日常生活仍以"启木苍"为单位。撒拉族有自己的民族语言，没有本民族的文字。伊斯兰教是撒拉族的全民信仰。

畲族：是我国东南的少数民族之一，典型的散居民族，与汉族客家民系关系极其密切，主要分布在浙江、福建、江西、广东、安徽等地。新中国成立前，畲族地区已基本上发展到封建地主经济阶段，但由于历代统治者的压迫和剥削，畲族社会经济文化的发展呈现缓慢性和不平衡性。畲族以农业生产为主，狩猎经济为辅，农产品主要有稻谷、红薯、小麦、油菜、烟叶等。新中国成立前，畲族婚姻家庭普遍实行一夫一妻制，仍保留着古朴的婚俗。语言上，基本上使用客家方言和闽南话，受客家文化影响比较大，无本民族文字，通用汉文。畲族十分注重祭祖，主要盛行祖先崇拜和图腾崇拜。

水族：是我国少数民族之一，主要分布在贵州省云贵高原东南部的苗岭山脉以南，与古代"骆越"有渊源关系。水族由古代十六个部族组合而成，习惯称为"十六水"。水族从事农业，以种植水稻为主。水族居住区处于亚热带，多雨潮湿，加之树林茂密，豺狼虎豹野猪经常出没其间，为避免地面潮湿和野兽的侵害，水族住房以干栏式建筑为主。干栏式建筑更是水族先民和南方民族智慧的结晶。水族有自己的语言和文字，"水书"是水族古老文字，形状类似于甲骨文和金文。水族人信仰万物有灵，崇拜多神，大多数人信仰佛教。

塔吉克族：族源可追溯到帕米尔高原东部操伊朗语的诸部落，主要聚居在塔什库尔干地区，以从事畜牧业为主，兼营农业，过着半定居半游牧的生活。塔吉克族有自己的语言，分为色勒库尔塔吉克语和瓦罕塔吉克语两种方言，普遍信仰伊斯兰教。

塔塔尔族：主要散居在新疆维吾尔自治区境内，是由伏尔加河畔的土著部落、操突厥语的保加尔人和钦察人以及跟随成吉思汗之孙拨都西征的蒙古－鞑靼人逐渐融合形成的民族，源自欧洲，比较集中地居住在城市。新中国成立前，商业是塔塔尔族的主要经济活动，生活方式有点欧洲风味。塔塔尔族使用塔塔语，有塔塔尔文，塔塔尔族的文化水平较高，信仰伊斯兰教。

土族：主要分布在青海省和甘肃省，与在唐朝中期以后称"吐浑"的吐谷浑有关系。土族从事畜牧与农耕，其服饰融畜牧与农耕文化特征于一体，饮食以青稞、小麦、土豆为主，至今仍保留着牧业时期的痕迹。土族有自己的语言，过去没有文字。现代土族语分互助、民和、同仁三个方言区。土族基本上全民信仰藏传佛教，还保留有早期萨满教的许多成分。

土家族：也称毕基族、毕基卡族，土家族基因以氐羌民族与百越民族为主，分为北支土家族和南支土家族，居住在湘、鄂、渝、黔比邻地区，以武陵东脉和清江流域为中心，适宜农作物和果木的生长，具有发展农林牧副渔业的良好条件。土家族爱群居，爱住吊脚木楼，与汉、苗等族杂居。他们有自己的语言，没有本民族文字。宗教信仰方面处于原始宗教崇拜阶段，盛行祖先崇拜、自然崇拜、英雄崇拜、图腾崇拜等。

维吾尔族：古代北亚民族回鹘和中亚中世纪各穆斯林民族的后裔，主要聚居在新疆维吾尔自治区天山以南的喀什、和田一带和阿克苏、库尔勒地区，其余散居在天山以北的乌鲁木齐、伊犁等地。维吾尔族以从事农业为主，种植棉花、小麦、玉米、水稻等农作物，此外还擅长园林艺术。维吾尔族有自己的民族语言，使用维吾尔文，信仰伊斯兰教。

乌孜别克族：主要分布在北疆的乌鲁木齐、伊宁、木垒、奇台、塔城和南疆的喀什、和田、莎车、叶城等地。乌孜别克人绝大多数人从事商业、手工业，少数居住在新疆北部的乌孜别克人从事畜牧业。饮食主要以肉食和奶制品为主，蔬菜吃得较少。乌孜别克族有自己的语言和文字，信仰伊斯兰教。

佤族：主要分布在澜沧江与萨尔温江之间的山地，与汉、傣、布朗、德昂、傈僳、拉祜等民族交错杂居。佤族经济以农业为主，住房以两层竹楼为主。佤族地区盛产稻谷，普遍种旱稻。佤族人的主食以稻米为主，佤族使用佤语，有巴饶克、佤和阿佤三种方言，有自己的文字。佤族以原始宗教为主，信仰多神，少数人信仰佛教或基督教。

锡伯族：是古代鲜卑人的后裔。主要分布在辽宁、吉林、黑龙江、新疆等地。锡伯族多经营农耕和畜牧，还兼营渔业。锡伯人最初游牧于大兴安岭东麓，世代以狩猎、捕鱼为生。东北地区的锡伯族已经丧失了自己的民族语言和文字，而新疆锡伯族至今还完整地保留着自己的语言文字及浓厚的风俗习惯和宗教信仰。

锡伯族信仰藏传佛教（俗称喇嘛教），还有原始信仰和萨满教。

瑶族：在族源上与古代的"荆蛮""长沙武陵蛮"等有渊源关系，主要分布在广西、湖南、云南、广东、贵州等地。瑶族多从事山地农业，以农业生产为主，兼营林副业；部分瑶族以林业为主，兼营农副业。瑶族多居住在山区，呈现大分散、小聚居等特征。从生产方式、居住、服饰和经济生活、风俗习惯等方面出发，可以分为"盘瑶""山子瑶""顶板瑶""花篮瑶""过山瑶""白裤瑶""红瑶""蓝靛瑶""八排瑶""平地瑶""坳瑶"等支系，支系比较复杂，各地差别很大，支系间无法沟通。瑶族有自己的语言，没有文字。瑶族的宗教信仰比较复杂，有些地区原始的自然崇拜、祖先崇拜或图腾崇拜占有一定地位，而有些地区主要信奉巫教和道教。

彝族：主要分布在云南、四川、贵州和广西等地，长时期保持着奴隶占有制度，清后由奴隶制向封建制过渡。中华人民共和国成立前，彝族以土地个体私有为基础的封建地主经济，通过实物地租实现地主对佃农的剥削。主要从事农业，畜牧业是副业，手工业生产也相当发达。彝族人有自己的语言，分六种方言，有古老的音节文字，崇拜万物有灵和崇拜祖先。

裕固族：主要分布在甘肃省，为回纥后裔之一。长期过着"逐水草而居"的游牧生活，后逐渐发展到游牧、半游牧半定居和定居放牧三种生产方式并存。现以半游牧半定居和定居放牧为主，同时还经营小部分农业、林业、副业等。在肃南以个体私有的游牧经济为主，在黄泥堡以个体私有的农业经济为主，都属自给自足的自然经济。裕固族人崇尚骑马和射箭，有自己的语言即东部裕固语、西部裕固语，没有本民族文字。宗教信仰上，裕固族人信奉喇嘛教，在风俗习惯上近似藏族。

藏族：主要聚居在青藏高原的四川、甘肃、云南等省。藏语对居住不同地区的人有不同的称谓：居住在西藏阿里地区的人自称为"堆巴",后藏地区的人自称为"藏巴",前藏地区的人自称为"卫巴",居住在西藏东境、青海西南部和四川西部的人自称为"康巴",居住在西藏北部及川西北、甘南、青海的人自称为"安多哇"。藏族有自己的语言,分卫藏、康、安多三种方言,有本民族文字。藏族信仰大乘佛教,吸收了藏族土著信仰本教的某些仪式和内容,形成具有藏族色彩的"藏传佛教"。

壮族:先民属古代百越族群,是稻作民族,主要聚居在广西、云南等地,广东、湖南、贵州、四川等省有少量分布。生产方式以农业为主,种植水稻、玉米、薯类等。壮族先民率先迈进了农耕社会,创造了稻作文化、大石铲文化、青铜文化、铜鼓文化。壮族有自己的语言,主要分南北两大方言,有骆越与西瓯两个主要支系,有自己的文字,盛行自然崇拜和祖先崇拜。

以上55个少数民族的分析,参考了很多相关文献,反映了当时民族学研究的成果。经过社会主义改造以及改革开放的冲击,这些民族特征发生了很大的变化。但是,为了更好地研究民族文物的民族属性,需要我们按照这些文献来梳理少数民族的民族特征。

二、中国少数民族的分布特征

我国少数民族虽然相对人口较少,但是居住地区广阔,主要聚居在内蒙古、新疆、西藏、广西、宁夏五个自治区和一些省的部分地区。内蒙古主要是蒙古族,新疆主要是维吾尔族,西藏主要是藏族,广西主要是壮族,宁夏主要是回族。另有一些省份如云南、贵州、青海、甘肃、吉林、四川等,少数民族聚居地区的面积也较大。其中,云南省的少数民族数量最多,达到25个之多。新疆维吾尔自治区,除维吾尔族和汉族外,还有十几个少数民族杂居其中。西藏自治区民族成分较少,但仍有汉、回、门巴、珞巴等族与藏族杂居。由于历史上多次民族迁徙屯田、移民成边、朝代更迭等引起的人口变动，使我国的民族分布形成了各民族大杂居小聚居、交错居住的状况。

据2010年全国人口普查结果显示[①]，各少数民族人口和占全国人口的比例如下。壮族：16926381人，占比1.2700%；回族：10586087人，占比0.7943%；满族：10387958人，占比0.7794%；维吾尔族：10069346人，占比0.7555%；苗族：9426007人，占比0.7072%；彝族：8714393人，占比0.6538%；土家族：8353912人，占比0.6268%；藏族：6282187人，占比0.4713%；蒙古族：5981840人，占比0.4488%；侗族：2879974人，占比0.2161%；布依族：2870034人，占比0.2153%；瑶族：2796003人，占比0.2098%；白族：1933510人，占比0.1451%；朝鲜族：1830929人，占比0.1374%；哈尼族：1660932人，占比0.1246%；黎族：1463064人，占比0.1098%；哈萨克族：1462588人，占比0.1097%；傣族：1261311人，占比0.0946%；畲族：708651人，占比0.0532%；傈僳族：702839人，占比0.0527%；东乡族：621500人，占比0.0466%；仡佬族：550746人，占比0.0413%；拉祜族：485966人，占比0.0365%；佤族：429709人，占比0.0322%；水族：411847人，占比0.0309%；纳西族：326295人，占比0.0245%；羌族：309576人，占比0.0232%；土族：289565人，占比0.0217%；仫佬族：216257人，占比0.0162%；锡伯族：190481人，占比0.0143%；柯尔克孜族：186708人，占比0.0140%；景颇族：147828人，占比0.0111%；达斡尔族：131992人，占比0.0099%；撒拉族：130607人，占比

---

① 2010年第六次全国人口普查主要数据公报（第1号），人民网，2011年4月28日。

0.0098%；布朗族：119639 人，占比 0.0090%；毛南族：101192 人，占比 0.0076%；塔吉克族：51069 人，占比 0.0038%；普米族：42861 人，占比 0.0032%；阿昌族：39555 人，占比 0.0030%；怒族：37523 人，占比 0.0028%；鄂温克族：30875 人，占比 0.0023%；京族：28199 人，占比 0.0021%；基诺族：23143 人，占比 0.0017%；德昂族：20556 人，占比 0.0015%；保安族：20074 人，占比 0.0015%；俄罗斯族：15393 人，占比 0.0012%；裕固族：14378 人，占比 0.0011%；乌孜别克族：10569 人，占比 0.0008%；门巴族：10561 人，占比 0.0008%；鄂伦春族：8659 人，占比 0.0006%；独龙族：6930 人，占比 0.0005%；赫哲族：5354 人，占比 0.0004%；高山族：4009 人，占比 0.0003%；珞巴族：3682 人，占比 0.0003%；塔塔尔族：3556 人，占比 0.0003%。

数据显示，总人口在 1 万人以下的民族有鄂伦春族、独龙族、赫哲族、高山族、珞巴族、塔塔尔族等六个民族。通过人口数据和比例的罗列，可以看出民族文化遗产保护的重要性和迫切性，也有助于我们认识和了解少数民族发展现状。

第三节　跨界民族的相关问题研究

通过以上的分析，我们基本对 55 个少数民族的情况有所了解，也基本梳理了各民族之间的交流和联系。除了根据 GB3304－91 标准对现有民族分类外，我们还需要对跨界民族进行分析和研究。

跨界民族，是指历史上形成的而现在分布在两个或两个以上国家并在相关国家交界地区毗邻而居的同一民族。刘稚认为，构成跨界民族的三个基本要素是：（1）是历史上形成的原生形态民族；（2）同一民族的人们居住在两个或两个以上的相邻国家；

（3）民族传统聚居地被国界分隔但相互毗邻。①

曹兴在《论跨界民族问题与跨境民族问题的区别》中认为，两者的根本区别不在于"是否跨界"，而在于主动和被动的区别。跨界民族是被国家主权政治分割的产物，而跨境民族是民族主动跨境即移民的结果。②

一、跨界民族的分布情况

在我国，由于疆域辽阔，跨界民族分布较为复杂，据不完全统计，东北地区有 5 个跨界民族：蒙古族、鄂温克族、鄂伦春族、赫哲族、朝鲜族；西北有 8 个跨界民族：维吾尔族、柯尔克孜族、塔塔尔族、回族、哈萨克族、乌孜别克族、塔吉克族、俄罗斯族；西南地区有 22 个跨界民族：藏族、门巴族、珞巴族、壮族、傣族、布依族、侗族、仫佬族、傈僳族、彝族、哈尼族、景颇族、阿昌族、怒族、独龙族、苗族、瑶族、佤族、布朗族、德昂族、拉祜族、京族等。③

这些跨界民族的分布以及境外民族情况如下④：

蒙古族：主要分布在内蒙古、东北三省、新疆、河北、青海等地，境外分布在蒙古、俄罗斯，西伯利亚称为布里亚特蒙古人（约 40 万人）。

鄂温克族：主要分布在东北地区，在俄罗斯境内曾被称为通古斯人，现定名为埃文克族（约 7 万人），主要分布在俄罗斯的西伯利亚地区。

---

① 刘稚：跨界民族的类型、属性及其发展趋势 [J]，云南社科研究，2004 年 5 期。
② 曹兴：论跨界民族问题与跨境民族问题的区别 [J]，中南民族大学学报（人文社会科学版），2004 年 2 期。
③ 刘稚：跨界民族的类型、属性及其发展趋势 [J]，云南社科研究，2004 年 5 期。
④ 李毅夫：世界民族研究导论 [M]，北京：社会科学文献出版社，2013 年。

鄂伦春族：分布在内蒙古和黑龙江交接处的大小兴安岭中，境外分布在俄罗斯，称为奥罗奇人（约3万人）。

赫哲族：主要分布在黑龙江省同江市以及佳木斯市等地，境外分布在俄罗斯，称为那乃人（约1万人）。

朝鲜族：主要分布东北地区，境外分布在朝鲜、韩国（约4800万人）、俄罗斯的远东地区，其余散居美国、日本、加拿大和拉丁美洲等世界各地。

维吾尔族：主要分布在中国的西北部，境外分布在哈萨克斯坦、巴基斯坦、吉尔吉斯斯坦、乌兹别克斯坦、蒙古、土耳其、俄罗斯等国家。

柯尔克孜族：主要分布于中国新疆西部地区，境外的吉尔吉斯族分布在吉尔吉斯斯坦、乌兹别克斯坦、阿富汗、塔吉克斯坦、巴基斯坦、俄罗斯、哈萨克斯坦、乌克兰、土耳其等国。

塔塔尔族：主要分布在新疆伊宁、塔城、乌鲁木齐、阿勒泰等地，境外的塔塔尔族主要分布在俄罗斯。

回族（东干族）：源自中国甘肃及陕西回族，境外分布在吉尔吉斯斯坦、哈萨克斯坦和乌兹别克斯坦等国。

哈萨克族：主要分布于新疆伊犁州，境外分布在哈萨克斯坦、乌兹别克斯坦、俄罗斯以及蒙古国。

乌孜别克族：主要分布在新疆维吾尔自治区伊宁、塔城、喀什、莎东、叶城、乌鲁木齐等地，境外分布在乌兹别克斯坦、阿富汗、塔吉克斯坦、吉尔吉斯斯坦、哈萨克斯坦、土库曼斯坦、俄罗斯及乌克兰等国。

塔吉克族：主要分布在新疆西南部的塔什库尔干塔吉克自治县，境外分布在阿富汗、塔吉克斯坦、乌兹别克斯坦、伊朗、巴基斯坦、俄罗斯、德国、美国、卡塔尔等。

俄罗斯族：散居在新疆维吾尔自治区的伊犁、塔城、阿勒泰和乌鲁木齐等地，也有部分分散在黑龙江和内蒙古等地，境外主要分布在俄罗斯。

藏族：主要聚居在青藏高原，四川、甘肃、云南等省，境外分布在尼泊尔、巴基斯坦、印度、不丹等国。

门巴族：主要分布于中国西藏东南部，人口共5万余人，其中分布在我国实际控制区以内的仅有7475人，其余生活在错那县南部的印控区。

珞巴族：主要分布在西藏东南部的珞瑜地区，现被印度非法占领，在中国实际控制区内人口有约3000人左右，还有超过60万人生活在麦克马洪线以南的印占区，另有部分珞巴人生活在尼泊尔、印度等国家。

壮族：与越南的岱依族和侬族有着密切的亲缘关系，主要分布在与中国交界的高平、谅山、广宁、河江、宣光、老街等省的平坝丘陵地带。

傣族：与缅甸的掸（傣）族、老挝的主体民族佬族和泰国的主体民族泰族为同一民族，散居于中南半岛各个国家，是越南第二大少数民族。

布依族：是越南的54个民族之一，在越南分为布依、都依两个支系，分布在河江省官坝县和老街省孟康县。

侗族：在老挝、越南也有侗族分布。侗族在老挝的分支称为"康族"。

仡佬族：越南有少量仡佬族。

傈僳族：是中国、缅甸、印度和泰国的一个跨国性质的少数民族，另外老挝、越南等也有少量傈僳人。

彝族：国外也称倮倮族，越南有少量的倮倮族，居住在河江省的同文县和高平省的保乐县。

哈尼族：越南有少量的哈尼族，主要聚居于莱州省孟碟县和老街省的巴沙县，老挝也有分布。

景颇族：国外称克钦族，缅甸、印度都有分布。

阿昌族：缅甸有少量分布，称曼达族。

怒族：主要分布在缅甸克钦邦北部高黎贡山区及恩梅开江上游地区。

独龙族：主要分布在缅甸江心坡、坎底及钦底西北广大地区，称为日旺人（约10万人）。

苗族：越南称为赫蒙族，分布在河江、宣光、高平、老街、莱州、山罗、北太等省的山区，分为白苗、黑苗、红苗、花苗和汉苗等支系。

瑶族：越南瑶族分布地域较广，根据服饰特点又分为红瑶、白裤瑶、蓝靛瑶等支系。

佤族：境外分布在缅甸的佤邦，另有少量分布于泰国。

布朗族：主要分布在缅甸、老挝等国。

德昂族：国外称帕朗族或崩龙族，主要分布在缅甸、老挝等国。

拉祜族：主要分布在缅甸、泰国、越南、老挝等国，分为黄拉祜、黑拉祜、白拉祜三个支系。

京族：主要分布在越南，在越南54个民族中居首，占越南总人口近90%。

以上是跨境民族的分布情况，具体的人口数据不一定准确，仅作为我们了解跨境民族的参考。

二、跨界民族研究的必要性

跨界民族的研究一直以来是民族学研究的重点，因为课题涉及国家、政治、安全等因素，历来比较敏感。然而，随着国家间交流日益频繁，特别是文化领域的频繁交流，需要我们多了解跨界民族的情况，掌握这些民族物质文化遗产和非物质文化遗产在不同国家的分布情况。同时，跨界民族的境外分布和特征，有助于我们研究境内跨界民族的民族特征，帮助我们更好地认识民族文物的民族属性。

同一民族在不同国家、不同地域存在着很大的差异。首先，不同国家的政治制度会影响到一个民族的发展，会改变一个民族的生产生活方式。其次，民族的多次迁徙以及定居所处的自然地理环境，会给一个民族带来很大的影响。最后，民族杂居、民族交流、民族政策会影响到一个民族的发展，影响本民族落后生产生活方式的淘汰过程。

由于跨界民族的存在，特别是跨界民族在不同国家的分布特点，我们有必要将这些少数民族的藏品纳入我们的研究领域中来，开始有意识地收集跨界民族的文化遗产，探讨这些文化遗产在不同国家的分布情况，同类藏品在不同国家之间的区别，民族交流对于文物藏品的影响。

因此，要开展跨界民族的研究，特别是研究不同国家同一民族的特征，以及这些特征对于器物的影响。过去，我们对于器物的研究，主要集中在国内出土或流传的器物，对于境外文物也只是研究流散在外的中国文物。对于国外文物特别是跨境民族的文物，我们关注较少，涉略不多，研究领域不够开阔。

从文化类型学角度出发研究跨界民族的器物，成为民族学、博物馆学以及考古学需要研究的新课题。所谓的文化因素分析法是考古学的一种研究方法，其要义是分析出一个考古学遗存内部包含的不同文化因素的组成情况，以认识其文化属性，即确定它在考古学文化谱系中的位置。[1]

实际上，文化因素分析法可以应用到民族学研究、民族文物研究当中，可以使用这种方法分析一个民族的所有文化因素，认清和甄别这一文化因素的民族属性，追本溯源，确定其在这一民

---

[1] 俞伟超：楚文化的研究与文化因素的分析，楚文化研究论集第1集［C］，武汉：荆楚出版社，1987年。

族文化中的位置。特别强调的是，文化因素分析法可以应用在跨界民族的研究当中。

从政治的角度看，跨界民族研究可以起到维护边疆稳定的作用。跨界民族问题关系到我国的社会稳定，一旦处理不好，可能会引发一些边疆问题，影响边疆稳定和国家安全。加强跨界民族的研究，可以使民族相互之间更加了解，促进彼此友好和睦相处。特别是跨界民族之间的文化交流，有利于维护边疆的稳定。

从文化的角度看，跨界民族研究可以起到强化文化认同的作用。跨界民族的存在，既有历史迁徙的原因，也有疆土变更的原因。加强跨界民族的研究，对于加强跨界民族内部之间的文化认同能够起到积极的推动作用。通过跨界民族的研究，可以加强民族内部和民族之间的沟通和交流，从而起到文化认同的作用。

第四节 民族指标集与指标项字段及描述

根据以上的研究，我们认为，民族博物馆藏品信息指标体系应该增加民族指标集，民族指标集下可根据不同属性设置若干指标项，完善藏品的第一属性即民族属性的信息描述。

一、民族指标集涵盖的指标项

首先是族属指标项，可以按照现有的 56 个民族进行填写，对于那些有分支的民族，可以做更加详细的描述。其次是年代指标项，考虑到一些民族文物属于古代民族的遗物，因此，需要使用时间坐标来界定，比如区分古代文物、近代文物。第三是旧称指标项，民族旧称是对现有民族曾经的称呼，我们要根据民族文物所处的年代，查找史料文献，比对民族旧称，从而更加准确地体现民族藏品的民族属性。最后是跨界民族指标项，民族是否涉及跨界，藏品是否跨界交流，都需要我们在藏品征集时加以甄别。

二、指标项民族属性的解读

民族指标集的四个指标项可能在其他指标集里也有过类似的表述，比如时代指标集就分为三个指标项：年代类型、年代表示方式、年代。我们认为，民族指标集里的指标项是对民族属性的细化，体现的是民族指标集下的内在属性，不同于时代指标集下的属性。民族指标集下年代指标项和年代指标集的年代指标项不同。前者主要是从民族的不同发展阶段出发，对古代民族、近代民族和现代民族所做的界定。年代指标集下的年代指标项是这个文物确切的时间，并没有从民族发展的角度进行划分。

民族指标集下的四个指标项基本反映了藏品的民族属性，比如民族分支、民族起源、民族交流、民族联系、跨界民族、民族旧称等。因此，要求藏品征集人员具备一定的民族学知识，能够对民族藏品的生活背景、社会背景、历史背景等有所了解，掌握藏品的来源、生产者、使用者、收藏者的身份等信息，善于从民族藏品里挖掘出藏品的重要信息，能够反映历史上各个发展阶段的各少数民族社会制度、社会生产、社会生活、工艺美术等信息。

因此，有必要对这些民族指标集的指标项进行更加详细的指标解释和指标说明，更好地描述这一指标项所涵盖的属性、特征等丰富信息，以便将来文物陈列和展览时更好地进行传播。所谓的文物陈列无非就是阐释民族文物背后所蕴藏的历史民族文化信息，并将之转化为受众易于理解的信息，进而达到传播、教育的目的。因此，我们要善于从这些指标项出发，对民族藏品的民族属性进行全面的解读，从而为文物陈列和展览以及博物馆传播提供丰富的信息资源。

第五章 民族博物馆藏品经济属性指标集的建立

一般说来，无论是生活用品，还是生产用品，都能够反映一个民族某个时期的生产力水平和生产制度。比如，不同时期农具的使用反映了这一民族在不同发展阶段的经济属性。同样，博物馆藏品中也蕴含着丰富的生产制度、生产关系方面的信息。藏品的经济属性指标集就是将藏品的内在属性外在化，从而让更多民族藏品起到反映当时生产力水平、生产制度、生产关系的作用。

我们这里探讨的藏品的经济属性并非文物的经济价值。文物的经济价值更多的是指这一文物在拍卖市场的货币价值，也就是拍卖价格，而藏品的经济属性主要指藏品具有反映不同生产发展阶段的生产力水平、生产制度、生产关系等作用。由于不同民族所处的生产发展阶段不同，同一民族藏品所体现的经济属性也不一样。以近代民族文物为例，有些民族的文物反映了原始母系社会的生产制度和生产关系，有些民族的文物则受到近代工业革命的影响，体现了近代工业生产的特征。

第一节 经济文化类型理论的提出

经济文化类型理论是由苏联著名民族学家 C. H. 托尔斯托夫，M. T. 列文，H. H. 切博克萨罗夫等人在 20 世纪 50 年代共同提出的。他们认为，所谓经济文化类型是指"一定的经济与文化特点的综合体,它在历史上形成于处在相似的社会经济发展水平、并居住在同样自然地理条件下的不同民族中"[1]。

后来,苏联学者对这一概念进行了全新的解读,他们认为,经济文化类型应该是"历史上形成的对经济与文化相互联系特点的综合,它反映出区域内(州内、地区内)经济、文化与生态及社会政治发展水平,其中包括与社会劳动分工的相互关系中的状况"[2]。

从这些概念的演变中,我们可以总结一点,经济文化类型主要是根据以下两个标准进行认定,第一个是自然地理条件,第二个是社会经济发展水平。自然地理条件决定着劳作方式,比如草原适合放牧,丘陵适合种植,湖泊适合捕鱼。同样,气候的因素也会影响到生产力水平,比如寒冷地带比亚热带的生产力水平低。一个国家的社会经济发展水平,可以用一些指标来衡量,比如 GDP、人均国民收入等。但是,在这些数字化指标还没出现之前,我们对于经济发展水平的衡量,主要从生产工具、生活工具、土地形态、劳作模式等方面进行。

在苏联学者的基础上,我国著名学者林耀华使用生计方式这一概念代替经济社会发展水平。他认为,生计方式是一个人或一个族群在面对自然环境的情况下选择获取自然资源、生活资源的方式和手段。[3] 生计方式的选择分为被动型和主动型两种。被动型的生计方式主要是环境影响人类的力量强于人类影响环境的力量,因此只能根据自然环境进行被动的适应。主动型的生计方式正好相反,人类可以通过积极的努力,创造性地改变获取资源的

---

[1] 林耀华、切博克萨罗夫教授合著:中国经济文化类型,见:中央民族学院民族研究所编:《民族研究论文集》第 3 集 [C],1984 年,第 10—53 页。
[2] 李毅夫:苏联民族研究理论建设述评 [J],民族研究,1987 年 3 期。
[3] 林耀华主编:民族学通论 [M],北京:中央民族学院出版社,1990 年,第 21 页。

方式，选择更加先进的生产工具去获取更多的资源。不管哪种生计方式，都是在处理人类和资源之间的关系。

我国现有的经济文化类型的理论是20世纪50年代民族学者根据当时的民族学调查结果以及当时的民族现状做出的理论概括，很大程度符合当时的民族特征。这一理论对于我们认识当下的少数民族，起到了非常重要的参考作用。受此影响，有学者将此方法运用到古代民族的经济文化类型的分析中，结合自然地理条件进行划分。比如，有学者按照地理条件将秦代分为四大农业文化区：平原农耕文化、草原畜牧文化、山林采猎文化、江湖渔业文化。这些理论的出发点都是从环境和文化的关系也就是所谓的人地关系进行探讨的。

可以这么说，人地关系特别是自然地理环境对于经济社会的影响，是经济文化类型理论的核心。这一理论的提出对于我们分析民族藏品和文物的经济属性起到了非常重要的作用。

一、苏联民族学派与经济文化类型理论

苏联的经济文化类型理论认为："作为科学概念的经济文化类型，它的基本定义是：居住在相似的自然地理条件下，并有近似的社会发展水平的各民族在历史上形成的经济和文化特点的综合体。"[1]

对于人类综合体，可以用很多概念来概括，比如部落、聚落、族群、民族等。经济文化类型这一概念和以上这些概念有所不同。部落、族群包括民族是建立在一定血缘关系的基础上，至少是一个家族基础上的。而经济文化类型有点类似于考古学里的聚落，聚落的形成一般与地形、气候等自然地理环境紧密联系。

经济文化类型理论承袭了苏联民族学派的传统，运用唯物史

---

[1] 李毅夫：苏联民族研究理论建设述评［J］，民族研究，1987年3期。

第五章 民族博物馆藏品经济属性指标集的建立

观对族群问题进行研究。他们认为,生产力发展水平相近的各民族可以发展成为同一的经济文化类型。因为生产力发展水平受到自然地理条件的影响,因此在同一自然环境条件下就很容易形成一个较为自给自足的社会生产系统。在这个生产系统里,人们之间的经济往来比较密切,因此能够产生共同的文化,形成共同的市场。

由于苏联是一个多民族国家,因此,苏联民族学派多从国家意识形态出发对民族现象进行分析和讨论,形成了一套以"部落—部族—民族"为基本公式的"族类共同体"演进的范式。[①] 所谓的民族理论也是在这个基础上演变出来的。但是,民族现象的复杂性又促使民族学派进行更加深入的研究。比如,同一民族具有不同特点,不同民族具有同一特点,环境因素对于民族的影响,文化因素对于民族的影响等等问题,都将推动研究的进一步深入。所谓的经济文化类型理论就是从人地关系的角度分析不同民族文化的异同,从而掌握民族分布和文化发展的规律。进一步说,这一理论的研究意图是通过对相似的民族外在文化现象进行类型划分,从人地关系即人类文化和自然地理环境之间关系的角度解释人类文化的异同性。所谓的人地关系,可以有两种理解,第一种是人地相关,第二种是人地矛盾。经济文化类型理论从人地相关的角度出发进行研究,更加强调人地和谐共处,既考虑到人的主观能动性,也尊重自然的规律,突出了自然地理条件对人类文化的影响。而苏联民族学派从人地矛盾的角度出发,更多地强调人地之间的作用和反作用,过于强调人在改造自然中的作用,人对自然的作用。这两种关系的不同成为经济文化类型理论和民族学派的最大区别。

其次,经济文化类型理论比较强调物质文化的生产,比如衣

---

① 李毅夫:苏联民族研究理论建设述评 [J],民族研究,1987 年 3 期。

食住行等。物质文化的生产方式决定着民族的政治生活和精神生活。物质文化的生产本身就是文化的一种物化形式。经济文化类型理论之所以选择物质文化作为理论基点,是建立在对人地关系发展趋势的深入分析基础之上的,因为这些民族的物质文化体现了人类对于自然地理条件的适应性。

最后,经济文化类型理论强调自然地理环境对人类及其文化的影响。在相似的地理环境中,在生产力发展水平相同的条件下,居住在一个区域内的不同民族也可以形成同一经济文化类型。可以说,自然地理环境对于一种经济文化类型的形成起到了首要的作用,也决定着这一经济文化类型的文化特征。从传承的角度看,两种不同的经济文化类型之间有着一定的联系,一种类型有可能是在另一种类型的基础上发展起来的。

总之,经济文化类型理论肯定了自然地理环境对于物质文化的发展的影响,特别强调和谐的人地关系对于经济文化类型的影响。但也要看到,尽管受到自然地理条件制约,人类还是可以发挥主观能动性,主动地适应和改造环境。只是不能过分夸大这种主动性,否则将对自然生态环境产生破坏,甚至给这些民族文化系统造成冲击。正因为自然环境不同、文化系统不同,不同少数民族并非处在相同的生产力发展水平之上,因此,有的民族比较早地进入封建社会阶段,有的民族依然处在奴隶社会阶段。

二、林耀华的《中国经济文化类型》

林耀华教授等人对中国经济文化类型作了长期深入的研究。根据我国民族学研究的实际,他认为,苏联的经济文化类型理论"缺乏对同一经济文化类型的立体结构认识,特别是明显忽略了精神文化的作用",因此用"生态环境"和"生计方式"分别取代了"自然地理条件"和"社会经济发展水平"这两大理论的构成要素。① 因此，他将经济文化类型定义为"指居住在相似的生态环境之下，并操持相同生计方式的各民族在历史上形成的具有共同经济和文化特点的综合体"②。

在类型的划分上，林耀华根据以下这四个指标项进行划分：第一是生态基础；第二是生计方式（包括人类的生产生活活动及物质文化）；第三是社会组织形式及各种典章制度；第四是意识形态（包括行为准则、道德规范、宗教信仰和思想观念等）。③

根据以上的分类原则，林耀华把中国经济文化类型分三个类型组：采集渔猎经济文化类型组，畜牧经济文化类型组，农耕经济文化类型组。每组又包括许多类型，比如农耕经济文化类型组又分为刀林山耕火种型、山地耕牧型、山地耕猎型、丘陵稻作型、绿洲耕牧型、平原集约农耕型等。④

首先是采集渔猎经济类型组。这一类型组以渔猎兼采集为主要生计方式，直接攫取野生植物。其中包括两个类型，即以鄂伦春族为代表的山林狩猎型和以赫哲族为代表的河谷渔捞型。两种类型各有一些特点。

其次是畜牧经济文化类型组。它分布在从东北到西北到西南的半月形畜牧带；畜牧是这一类型组的人们的主要生计方式，是对干旱和高寒地区生态环境的一种适应方式。这些民族的居住、饮食、服饰等都具有畜牧文化的特征。这一类型组又可分四种类型，即以鄂温克族为代表的苔原畜牧型（驯鹿为主，信奉萨满），

---

① 李伟、杜生一：对经济文化类型理论的再认识，兰州大学学报（社会科学版）[J]，2002年5期。

② 李伟、杜生一：对经济文化类型理论的再认识，兰州大学学报（社会科学版）[J]，2002年5期。

③ 林耀华、切博克萨罗夫合著：中国经济文化类型，见：中央民族学院民族研究所编：《民族研究论文集》第3集 [C]，1984年。

④ 邓红、李天雪：对前苏联"经济文化类型理论"的再研究 [J]，广西民族研究，2006年3期。

以蒙古族为代表的戈壁草原游牧型（畜养马羊和骆驼，蒙古包，信奉藏传佛教），以哈萨克族为典型的盆地草原游牧型（以牧为主，兼营农业，住毡房，信奉伊斯兰教），以藏族为典型的高山草场畜牧型（畜养牦牛为主，住平顶碉房，饮酥油茶，信喇嘛教）。①

第三，农耕经济文化类型组。

山林刀耕火种型：集中在横断山脉南段，居住着门巴、珞巴、独龙、怒、佤、德昂、景颇、基诺及部分傈僳、苗、瑶、黎、高山等民族。迁徙频繁。山地耕牧型：包括羌、纳西、彝、白、普米、拉祜等民族，多在山区经营旱作，并有牛、羊、猪、鸡等畜禽。宗教信仰复杂。山地耕猎型：苗、瑶、畲、仡佬、土家等民族属之。种植水稻、玉米等。住干栏式房屋。多信盘古和盘瓠。祖先崇拜极盛。丘陵耕作型：有傣、壮、侗、布依、水、毛南、黎等民族。干栏建筑。信仰多神。绿洲耕牧型：维吾尔；有乌兹别克、塔塔尔、东乡、保安、撒拉等民族。在干旱地区的绿洲上种小麦、水稻、玉米等。瓜果质优。肉、奶、皮革、毛等畜产品在生活中居重要地位。多信伊斯兰教。平原集约农耕型：地域广，各大平原和四川盆地属之。居住汉、回、维吾尔、蒙古等民族。儒家思想浓重。

首先，我们要承认，林耀华教授的经济文化类型理论以及对于我国少数民族的分类，是在新中国成立前后的那个时间段，根据各民族的经济文化状况所做的调查和研究。当时，很多少数民族都保持着比较原真的生活状态，没有进行过社会主义改造。生产生活工具都能够反映当时所处的社会发展阶段，也反映着这一民族的经济文化类型。

---

① 林耀华、切博克萨罗夫合著：中国经济文化类型，见：中央民族学院民族研究所编：《民族研究论文集》第 3 集 [C]，1984 年。

第五章 民族博物馆藏品经济属性指标集的建立

其次，这些类型的划分并非仅以自然地理环境作为分类的标准，同时以衣食住行为代表的物质文化作为标准。事实上，在开放社会里，这些物质文化的选择也不是很稳定的，生产工具并非经济文化类型的唯一指标。比如，我国东北有些民族在新中国成立前仍属于氏族社会，社会组织也仅仅是地域公社，但他们却可以使用较为先进的狩猎工具，比如机帆船和尼龙网。这些现代化的狩猎工具和落后的社会生活、社会组织有着极大的反差。我们不能因为这些现代化工具就将这些民族列入现代经济社会类型，这些民族还是属于采集渔猎经济文化类型。

再次，这些类型的划分并非以生产工具作为分类的唯一标准。生产工具的选择具有一定的偶然性，受到民族交流、社会开放甚至自然环境的影响。比如，广西一些地区的壮族农民在陡峭的山坡上经营梯田、种植水稻，可以说是发展到以犁耕农业为特征的封建经济阶段。但直到1984年，这些农民使用的主要生产工具仍是手锄，手锄这种工具是相当原始的。之所以产生这种倒退现象，是部分乡镇的梯田面积过小，耕牛没法转身，导致无法使用耕牛这样的生产工具。最后，迁徙和定居对于一个民族的经济文化类型有着重要的影响。从游猎经济文化类型转向更高级的经济文化类型，有些民族需要经历漫长的过程，用上几千年的时间，而东北地区的鄂伦春族仅仅用了几年的时间。从变迁的角度看，鄂伦春族的经济文化类型的改变首先是从居住方式上开始的，并非自然地理环境的变化。作为游牧民族，鄂伦春族选择了定居，意味着生计方式也要发生变化。鄂伦春族进入新的经济文化类型发展阶段，也意味着对原有的文化体系进行了扬弃。

因此，对于林耀华教授的经济文化类型理论，需要进行进一步的发展和完善。20世纪90年代，有学者进一步划分世界民族经济文化类型。比如，李毅夫、赵锦元将世界各族人民从事的经济活动分为七种经济文化类型：原始渔猎类型，游牧类型，刀耕火种农业类型，锄耕山地农业类型，畜耕灌溉农业类型，机耕农业工业类型，现代工业农业类型。[①]

第二节 经济文化类型理论在民族博物馆藏品征集工作中的作用

经济文化类型理论只是给我们提供研究藏品经济属性的一个角度。我们可以根据这些理论，把民族藏品还原到当时的生产力水平、生产关系以及生产制度中去。通过这样的还原，我们才能更好地理解民族藏品的经济属性并获得更加丰富的藏品信息。

一、经济文化类型理论的物质解读

一般说来，经济文化类型是由文化特征特别是一些实物如服饰、建筑等来反映，有点类似于考古学意义上的文化，因此，有学者认为，经济文化类型并没有很好地反映出藏品的经济属性，而更多地强调藏品的文化属性。[②] 但是，本研究认为，无论是生产工具还是生活用品，本身就反映了当时的生产力水平，反映了当时社会的生产关系和买卖关系，同时也反映了当时社会的生产制度。有些藏品比较直接反映经济属性，比如田契、地契、林契等契约等，还有作为生产工具的生产类文物：犁、耙、锄、背架、筐、箕等。有些文物比较间接反映经济属性，比如衣物、装具、生活器具等生活类文物。这些文物是在当时的生产力水平下生产出来的，因此也带有社会生产力水平的印记。总之，就目前的研究成果而言，经济文化类型仍然是我们解读藏品经济属性的

[①] 李毅夫、赵锦元：世界民族概论［M］，北京：中央民族大学出版社，1983年，第32页。

[②] 金天明、索士丁：经济文化类型理论在中国的应用和发展［J］，中央民族学院学报，1988年1期。

主要理论，发挥着重要的作用。

二、经济文化类型理论与民族社会历史调查

新中国成立前后，我们对少数民族进行过经济社会的调查，运用到了经济文化类型理论，当然也使用到了其他研究方法和理论。除了经济文化类型外，我们对于少数民族经济社会发展阶段的认定也有了更多的理论参考。比如，马克思关于原始社会、奴隶社会、封建社会等社会形态的划分，可以帮助我们认识少数民族的生产力、生产关系、生产制度。另外，母系社会和父系社会的划分，也可以帮助我们认识不同的社会组织形式下的生产关系、生产制度。

由于经济文化类型是苏联和我国学者共同完成的调查研究项目，是对新中国成立前后少数民族经济文化社会的理论总结。经济文化类型理论提出后，曾经指导过我国少数民族社会历史调查。这些调查反过来进一步推动这一理论的发展。可以这么说，经济文化类型理论有助于我们了解我国少数民族的经济发展特点，特别是新中国成立前后不同少数民族的经济发展特点。

根据经济文化类型的划分，每个民族都可以进行经济类型的归类。在共同的经济类型下，我们可以找到民族藏品的共性问题，比如我们征集到的民族藏品可以反映这些民族共有的经济属性，同一生产水平、同类生产工具、同种生产关系等。比如，门巴族、珞巴族、独龙族、怒族、佤族、德昂族、景颇族、基诺族及部分傈僳族、苗族、瑶族、黎族、高山族等民族属于山林刀耕火种型，都保持着新石器时代残留的农业经营方式。这些民族刀耕火种、撂荒发展，属于原始生荒耕作制。生产工具有石刀、石凿、石斧、木棒，也有的采用铁制刀、锄、犁等工具。这些民族虽有农耕的意识，但没有产权的概念。通过以上的分析，我们可以认为，这一时期的民族文物能够反映当时的生产制度和生产

123

关系。

对于藏品所反映的生产力、生产关系、生产制度，我们还可以通过民族学的研究成果进行解读，甚至可以通过经济学原理进行分析。比如，不同的谋生手段可以体现在生产工具和生活用具的变化上，可以反映经济文化类型的分类和变迁。但是，材质的变化，比如木质、石质、金属等生产工作，时间段较长，所反映的生产力、生产制度、生产关系也不是很明显。

第三节 经济文化类型指标集与指标项字段及描述

受到自然地理环境的影响，我国少数民族地区基本形成了这样的经济文化类型：采集渔猎经济文化类型组、畜牧经济文化类型组、农耕经济文化类型组（刀林山耕火种型、山地耕牧型、山地耕猎型、丘陵稻作型、绿洲耕牧型、平原集约农耕型）、现代化工农牧业。

它们之间的差别是，劳动生产率一个比一个高，剩余劳动产品不断增多。除此之外，经济文化类型的变化伴随着自然生产力的下降，也就说，自然提供资源的能力越来越弱，自然产品（非劳动产品）越来越少。

和民族属性不同，藏品的经济属性并没有太多的指标项，主要还是按照经济文化类型的分类设定指标项。这些指标项的使用，前提是对民族藏品的族属、年代进行较为准确的认定，然后再根据这些信息选择藏品的经济文化类型。

为了更好地进行执行规范，有必要对采集渔猎经济文化类型组、畜牧经济文化类型组、农耕经济文化类型组这三个指标项进行指标说明和解释。本指标集反映民族藏品的经济属性，但正式名称为经济文化类型指标集。

第五章　民族博物馆藏品经济属性指标集的建立

一、采集渔猎经济文化类型指标项

以渔猎兼采集为主要生计方式，其特点是直接攫取野生动植物，通过原始的方式获得食物和生活来源。这一类型的民族多生活在自然资源相对比较丰富的地区，采集植物、捕获动物的能力非常强，能够维持这个部落的生计，和自然生态建立良好的关系，懂得利用和保护自然资源，对自然也比较崇拜。

二、畜牧经济文化类型指标项

以畜牧生产、养殖为主要的生计方式，特别是对于水源缺乏的干旱地区或高寒地区，生态环境比较恶劣，加上资源相对匮乏，只能通过人工的饲养获得实物和生活来源。对自然环境的依赖也比较强，定居和农耕会破坏当地植被和水资源，懂得通过游牧迁徙的方式，让植被得以恢复。游牧家庭，一般是人类最基本的家庭组合方式，只包括一对夫妻及他们的未婚子女。

三、农耕经济文化类型指标项

以农耕生产为主要的生计方式，通过耕作土地实现自给自足，属于封建自然小农经济，以家庭为单位的生产来满足自己生存需要，很少进行市场和商品交流，分为刀林山耕火种型、山地耕牧型、山地耕猎型、丘陵稻作型、丘陵耕作型、绿洲耕牧型、平原集约农耕型。

刀林山耕火种型：有独龙、怒、佤、德昂、景颇、基诺以及部分傈僳、苗、瑶、黎等族，主要集中在青藏高原与云贵高原等地区。山地耕牧型：包括羌、纳西、彝、白、普米、拉祜等民族，多在山区经营旱作，并有牛、羊、猪、鸡等畜禽，农业综合技术相对粗糙。山地耕猎型：有苗、瑶、畲、仡佬、土家等民族。主要种植水稻、玉米等，住房以干栏式房屋为主，多信盘古和盘瓠，祖先崇拜极盛。丘陵稻作型：有傣、壮、侗、水、仡佬、毛南、黎、朝鲜等族，主要分布在以云南中南部经贵州、广西、海南岛、台湾到东北延边等地。丘陵耕作型：有傣、壮、侗、布依、水、毛南、黎等民族，住房为干栏式建筑，信仰多神。绿洲耕牧型：有维吾尔、乌兹别克、塔塔尔、东乡、保安、撒拉等民族。在干旱地区的绿洲上种小麦、水稻、玉米等，瓜果质优，肉、奶、皮革、毛等畜产品在生活中居重要地位。多信伊斯兰教。平原集约农耕型：地域广，各大平原和四川盆地属之，居住汉、回、维吾尔、蒙古等民族，儒家思想浓重。

除以上三个标准类型外，还存在很多复合的、过渡的经济文化类型，比如有的民族处在采集渔猎向刀耕火种农业的过渡时期，有的民族处在刀耕火种向锄耕农业的过渡时期，也有的民族处在锄耕农业向犁耕农业的过渡时期。在实际生活中，混合型经济文化类型的民族更多，比如珞巴族的"狩猎游牧"型、凉山彝族的"山地耕牧"型、京族的"渔业农耕"型、景颇族的"水田兼山地农业"型、黎族兼有刀林山耕火种型和丘陵耕作型等等。

由于不同地区同一少数民族的经济文化类型存在不同，因此，要求我们对这一地区征集上来的民族藏品要进行区别对待。在农耕经济文化类型地区，征集到渔猎经济文化类型的藏品，我们要区别对待：如果是本民族的藏品且该民族已经进入农耕经济阶段，属个别现象且数量不多，那么这样的藏品可以认为是本民族的历史遗留物；如果数量众多且比较普遍，那么我们对于这一民族的经济文化类型需要重新认定。如果这些并不属于本民族藏品，且数量不多，那有可能是与邻近民族交流的结果，也有可能是对这类产品有着偏好因而收藏。

藏品经济文化类型和民族经济文化类型并非完全一致，一定要具体问题具体分析。我国民族文物的搜集是从20世纪30年代开始，这一时期，很多少数民族都呈现出一定的原始性和原真性。由于文物形制的变化相对比较缓慢，这段时间征集到的文物能够反映当时这些少数民族的经济文化类型。而经济文化类型是学者根据20世纪50年代前后少数民族的现状以及当时收集的田野资料所进行的判断。新中国成立后进行的社会主义改造，少数民族的生计方式发生了巨大的转变，很多少数民族翻身解放，在社会主义经济制度下创造了美好生活。但同时，随着生计方式的改变，特别是改革开放以来，原始状态下生产的少数民族各种物品流失非常严重，使用大量现代产品，这样的民族现状已经没法起到反映这一民族经济文化类型的作用。

总之，对于民族藏品经济文化类型指标集的认定，不能僵硬地照搬经济文化类型的理论成果，不能认定完藏品的民族属性后就直接将其归为某一类经济文化类型，而应该进行更加充分的讨论和分析。

第六章　民族博物馆藏品社会属性指标集的建立

民族藏品的社会属性是指藏品具有见证一个少数民族社会发展水平、社会结构、社会制度的功能，能够反映这一少数民族的社会生产、社会生活以及社会发展阶段，从而让我们对当时的社会关系有了一定的了解。民族文物藏品是除了史料文献之外我们了解历史、了解民族最客观的证据。

社会发育程度可以通过社会生产、社会分工、社会分配、家庭形态、社会结构、社会组织、社会规范、社会复杂程度等指标进行反映，这些指标也可以考察民族地区社会发展水平。对于社会发育程度的高低也是通过这些指标进行考察和衡量的。

民族学对于藏品的社会属性主要还是从社会进化论的角度进行解读。社会进化论对于社会发展水平、社会发展阶段的划分，有助于我们认识民族藏品的社会属性，有助于民族藏品之间的横向比较。

第一节　民族学、文化人类学社会进化论的主要观点

进化是人类社会历史变迁的自然规律。社会进化论使用由简单到复杂、由低级向高级发展的前进运动来解释社会的变迁，从而形成一种社会学理论。社会进化论是社会科学史上最重要的理论之一。

作为19世纪社会学和人类学的重要思潮，人类社会的进化受到了众多学者的重视，大多数社会进化论者认为，社会进化指的是体现某种定向性或直线性结果的社会变革。[①] 对进化论学说影响较大的有斯宾塞（Herbert Spencer）、摩尔根（Lewus Henry Morgan）、泰勒（Edward Burnett Tylor）和马克思（Karl Marx）及恩格斯（Friedrich Engels）。比如，斯宾塞认为，进化指的是社会从一种无条理的同质性向有条理的异质性的社会进化；摩尔根提出，人类社会进化分为野蛮、蒙昧和文明三个阶段；泰勒的社会进化理论更加关注于精神和观念层面的进化，尤其是宗教方面的因素；马克思和恩格斯提出，以生产关系来标识的四种社会类型是原始社会、奴隶社会、封建社会和资本主义社会。[②]

很多社会进化的理论都在关注社会进化、社会质变的分类和结果，尝试去划分社会发展阶段和社会类型。比如，摩尔根将人类进化分成了三个阶段，每个阶段都有一定的特征，这些特征对于我们认识和研究国内少数民族的社会发展水平，起到一定的理论指导作用。另外，马克思和恩格斯提出四种社会类型，也有助于我们了解少数民族的社会发展阶段。

一、摩尔根《古代社会》

摩尔根的《古代社会》一书分为四篇，分别从人类社会的发展阶段及各时期的物质生产资料的发展来介绍人类的发展。首先，通过举例的方式，介绍易洛魁人、加诺万尼亚族、阿兹特克人、希腊人、罗马人及其他部落氏族的组织，了解其政治观念的

---

① 郑杭生：社会学概论新修 [M]，人民大学出版社，2010年，第124页。
② 郑杭生：社会学概论新修 [M]，北京：人民大学出版社，2010年，第32页。

发展；其次，分析人类社会存在五种顺序相承的家族形态：血婚制家族、伙婚制家族、偶婚制家族、父权制家族和专偶婚制家族，从而了解家族观念的发展；最后，分析人类社会存在的三种财产继承法，从而了解财产观念的发展。①

以人类生产力技术水平为界限，摩尔根将人类历史分为蒙昧、野蛮、文明三个阶段：(1) 蒙昧社会：从约300万年前起到约1万年前止。(2) 野蛮社会：从约1万年前起到约4000年前止，这一时期的开始以制陶术的出现为标志。(3) 文明社会：从约4000年前起到现在，这一时期的开始以文字的出现为标志，人类开始废除原来的氏族社会原则而代之以政治社会原则。通过研究印第安人及希腊、罗马等古代民族史，摩尔根揭示了氏族的本质以及氏族制度存在的普遍现象。

蒙昧、野蛮和文明并不是对人类品格或者个性的描述，而是从整个人种、地理和历史学的角度探索人类文明发展来命名的。摩尔根从婚姻、家族、财产、宗教、技术等方面阐述了蒙昧、野蛮和文明三个文明阶段的特征和不同。实际上，这些研究成果对于我们认识少数民族的社会发育程度也是非常有帮助的。

二、马克思、恩格斯《家庭、私有制和国家的起源》

《家庭、私有制和国家的起源》是一部由恩格斯撰写、阐述马克思主义的历史唯物主义理论的著作。该书系统地阐释了婚配、家庭、氏族、私有制以及阶级和国家等社会关系和社会组织产生和发展的一般规律，探讨了家庭、私有制和国家的起源问题。在书中，恩格斯进一步研究了家庭的起源、演变和发展规律，论述了人类史前各阶段各种文化的特征、婚姻的形态以及几

---

① 马克思著、中国科学院历史研究所翻译组译：摩尔根《古代社会》一书摘要[M]，北京：人民出版社，1965年，第95页。

种家庭形式。根据物质生产方式这一标准,恩格斯将社会基本形态概括为五种:原始社会、奴隶社会、封建社会、资本主义社会和共产主义社会(社会主义为其初级阶段)。[①]

原始社会:由于生产力水平低,人类为了生存,就必须依赖于群居生活和协作谋生。原始社会以血缘关系、亲族关系为基础,采取原始社会的平均主义分配生活产品。对社会的控制,则靠传统和家长来维系,没有习惯法和政府权力。这一社会时期,主要通过道德规范、宗教规范特别是习惯规范来调整人与人之间的社会关系。这些规范涉及公共管理、婚姻家庭、财产继承、渔猎耕种、产品分配、血族复仇等领域。

奴隶社会:随着金属工具的出现,生产力进一步发展,劳动生产率有了较大的提高,社会产品出现了剩余,奴隶主在经济和上层建筑处于主导地位,奴隶主占有生产资料以及作为生产资料的奴隶,两者是剥削和被剥削的关系,奴隶没有人身自由,完全在奴隶主的强制下劳动,奴隶劳动所创造的产品全部归奴隶主所有,奴隶主只给奴隶最低限度的生活资料。总之,奴隶社会的主要特征是奴隶主占有奴隶,对奴隶实行经济奴役,也就是奴隶占有制的生产方式。

封建社会:是分封制定义的一种社会制度,国王向封建领主授予采邑,授予公、侯、伯、男、子爵位,封建领主向国王效忠,从而形成一种金字塔形的国家治理结构。封建社会以土地为基础,农业与手工业结合,以家庭为生产单位,经济结构较为封闭独立,以满足自身需要为主要目的。地主阶级与农民阶级之间的矛盾是封建社会的主要矛盾。

资本主义社会:是少数人剥削多数人的社会制度,以资本家

[①] 恩格斯原著、刘澄导读:《家庭、私有制和国家的起源》导读,天津:天津人民出版社,2009年,第45页。

占有生产资料和剥削雇佣劳动力为基础，通过雇佣关系剥削劳动者，生产的目的是攫取工人创造的剩余价值。资本家占有生产资料，通过各种方式控制劳动者。工人阶级作为无产阶级，只能通过雇佣劳动获得生活资源。

共产主义社会：以生产资料公有制为基础，具有高度发达的社会生产力，实行各尽所能、按需分配的原则。作为一种劳动者自由联合的社会形态，生产资料所有制是完全的公有制，基本生活资料是按需分配的，每个人都尽其所能为社会做出贡献，然后根据自己的需求索取生活资料。由于科技高度发展，自然资源可以得到充分合理的利用，生态环境处于良好的平衡状态，从而保证了所有资料的良性配置。

以上类型是从生产关系角度出发进行划分的。从马克思、恩格斯理论的出发点看，这样的划分是为了更好地理解资本主义社会剥削的实质，从而为争取社会主义革命的胜利奠定理论基础。这些研究成果，有助于我们理解和分析当下的少数民族问题，特别是建国对少数民族地区进行的社会主义改造以后的问题。

第二节　我国少数民族社会发育程度的理论判断

无论是摩尔根对于蒙昧、野蛮和文明社会的分类，还是马克思、恩格斯对于原始社会、奴隶社会、封建社会、资本主义社会和共产主义社会的分类，都是我们认识少数民族社会发展水平、社会发育程度的理论。根据这些理论，我们总结出衡量少数民族社会发育程度的部分指标。

第一是社会分工，社会分工是社会关系的基础；第二是社会生产，按照一定的关系进行生产；第三是社会分配，按照一定的社会制度进行分配；第四是家庭形态，家庭成员采取什么方式进行社会生产；第六是社会组织，家庭以外的社会成员如何进行社会合作；第五是社会规范，通过制定社会规范来形成一定的社会秩序；第七是社会复杂程度，社会复杂程度是衡量社会发育程度的重要指标。

通过这些指标，我们可以对某一地区某一少数民族的社会发育程度进行评价，并对这些指标进行描述和说明。我们可以使用这些指标衡量各个民族的社会发展阶段，进而使用这些指标来评价和判断这一民族藏品的社会属性。比如，原始社会的家庭形态从群婚制的多夫多妻逐渐变成少夫少妻、主夫主妻的偶婚制。这些变化都会反映到家庭生活产品、家庭建筑等器物层面，从而作为我们衡量民族藏品社会属性的遗存。

一、我国对民族社会发育程度的研究

民族社会发育程度是我国少数民族历史社会调查与民族识别工作的核心研究内容。国内有学者曾对少数民族的社会发育程度做过调查，初步形成一些判断，认为有些民族已经进入封建社会，有些民族仍处于野蛮阶段。事实上，这些判断也仅仅是当时的一些判断，是在某一个时间节点上做出的判断。后来的很多学者大都以文献为主，以文献中对于某个民族的判断作为研究的出发点，并没有从民族田野调查着手，也没有从不断变化的民族现状出发。这样的研究是不全面的，甚至有些观点都是错误的。

在当今的转型社会，我们应该清醒地意识到，民族社会发育程度是一个不断变化的过程，并非一成不变。过去被认为是原始社会的一些少数民族村落，可能会因为社会主义改造，或者是一场社会运动，在短短的几年时间里完成了需要几百年才能完成的社会转折和社会变迁。

在对少数民族进行历史社会调查以及民族识别工作中，社会发育程度成为调查工作的核心内容，很多民族调查者当时就是使用苏联和马克思理论对我国的少数民族进行界定和识别。首先，回顾少数民族的发展历史，我们发现，很多少数民族长期处在社会发育程度低的阶段，并没有走向更高的社会发展阶段。其次，当下少数民族社会受到外界各种因素的影响，特别是随着人流、物流、信息流的频繁，民族社会开始出现复杂化倾向，从而增加了民族社会调查的难度。最后，民族识别本身就是一个综合考虑的工作，仅仅通过民族器物、民族服饰等物质文化的标准很难做好识别工作的，还应该通过经济文化类型、社会发育程度等指标项进行考核，从而做到客观、准确、科学地进行民族社会调查及识别工作。

总之，民族社会发育程度是我国少数民族历史社会调查工作和民族识别工作的核心内容，对于我们认识民族藏品的社会属性起到比较关键的作用。

二、我国少数民族社会发育程度

我国少数民族的社会发展呈现出复杂性，这种复杂性体现为不同的少数民族有着不同的发展阶段，甚至同一少数民族有着不同的发展阶段。比如，同一地区不同少数民族出现原始公有制、奴隶制、封建领主制、封建地主制并存的情况。就同一民族而言，平原地区的社会发育程度一般比山区的成熟，甚至属于两个不同的社会发展阶段。比如，有些地区的傈僳族已经进入封建地主经济社会，而有些地区的傈僳族仍存在着原始的公有制和家长奴隶制的残余。

由于我们对少数民族进行的社会历史调查多为新中国成立前后的四五十年代，民族博物馆多数民族文物也是这个时期进行征集的，加上我国的民族识别时间也多在新中国成立以后，因此，这些时间交集点下的少数民族变化不大。但是，新中国成立以后的社会主义改造，开始改变了少数民族的社会发展水平，大部分少数民族在很多方面、很多领域已经进入了社会主义社会阶段，只有部分领域保留着封建社会、原始社会的特征。

整体而言，新中国成立前，我国少数民族的社会发育程度较低，是比较原始的，但是原始并不代表落后，反而更能够反映民族的本质属性。新中国成立后，社会主义改造带来了跨越式发展，然而改造没有全面考虑少数民族文化系统的特殊性，反而给一些少数民族的文化带来一定的破坏。我国各民族长期形成的文化系统相对脆弱，加速社会发展进程的改革运动如果不考虑这一特殊性，很容易在跨越式发展中失去少数民族的民族特色。一般来说，不同的社会发展阶段会在物质文化上留下特征和痕迹，这些特征和痕迹是我们区分藏品的关键，需要我们进一步进行判断。但是，我们也看到，国内少数民族的社会发展呈现跨越性和原始性并存的局面。短短几十年，有些民族从原始社会进入较高的社会发展阶段，有些民族仍然处在较为原始的社会发展阶段。特别是受到杂居和文化传播的影响，我们很难对现有民族所处的社会发展阶段进行判断。民族藏品也很难反映这些民族所处的社会发展阶段。

当然，人类是不断进步的，少数民族也是在不断发展的，不能为了所谓文化的多样性，去剥夺少数民族追求经济发展、幸福生活的权利；更不能为了猎奇式旅游，让这些民族退化到刀耕火种的社会发展阶段。我们在尊重各自民族特色文化的基础上，要承认那些基于自然生态环境、生计方式以及文化体系的差异，也应该让所有人都能享受社会发展的成果。

就现阶段而言，我国少数民族的社会发育程度参差不齐，但已经加速进入更高的社会发展阶段，对于本民族的物质文化、生活方式已经有选择地遗弃，从而导致一些非物质民族文化遗产流失严重。因此，我们要加大保护民族文化遗产的力度。

正如之前分析的，任何一件文物都分为生产时间、使用时间和废弃时间。如果这三个时间和社会发展阶段的变迁不一致的话，或者说社会发展变迁的速度比文物的生产还快的话，这些藏品只能存在被遗弃的可能。我们能做的仅仅是放慢遗弃的速度，而没法改变被遗弃的结局。

第三节　民族社会发育程度指标集与指标项字段及描述

根据以上的分析，我们认为，社会发育程度是考察民族藏品的一项重要的指标集。在这个指标集下，可以有如下的指标项：第一个指标项是社会生产，可分为经营制和雇佣制；第二个指标项是产权制度，可分为公有制和私有制，第三个指标项是社会分配，可以分为供给制和分配制；第四个指标项是婚姻形态，可分为群婚制和偶婚制；第五个指标项是家庭形态，可分为大家庭和小家庭；第六个指标项是族群权力，可分为父权制和母权制；第七个指标项是社会控制，可分为法律规范和道德规范。

一、社会生产指标项

社会生产指标项主要是从劳动关系的角度理解，一般可以分为雇佣劳动关系和自给经营关系。雇佣劳动的规模一般比自给经营的规模大，属于社会化生产的产物。顾名思义，自给经营就是自给自足的生产，规模小且很少流通。

二、产权制度指标项

产权制度指标项主要是从生产制度的角度理解，一般分为公有制和私有制。可以从少数民族的社会发展阶段进行界定，比如藏品属于原始社会的少数民族所有，那就可以认定为原始社会的公有制。另外，也可以通过梳理与藏品同一时代的文献特别是关于产权制度的文献，来界定民族藏品的产权属性。

三、社会分配指标项

社会分配指标项主要是从分配制度的角度理解，一般分为供给制和分配制。所谓的分配制，可以分为按劳分配、按资分配、按劳分配。所谓的供给制就是按需分配，根据不同社会成员的需求进行分配，不仅能够保证基本的生活保障，同时也是尽可能满足成员的不同需求。因此，供给制曾经出现在较为原始的时期，也被作为人类远大理想的共产主义社会。

四、婚姻状态指标项

婚姻状态指标项主要是从婚姻组织的角度理解，一般分为群婚制和偶婚制。群婚制所处的社会阶段比较原始，反映的是较早的社会发展阶段。偶婚制意味着人类进入了文明阶段。

五、家庭形态指标项

家庭形态指标项主要是从人口多少的角度理解，一般分为大家庭和小家庭。大家庭较早出现在物质极度匮乏的时期，为了获得更多的生存资源，需要社会成员在大家长的主持下进行社会分工、社会生产。同样的，当物质比较丰富的时候，社会成员也需要在大家长的主持下进行社会消费和社会享受。进入高节奏的生活以后，特别是农村向城市的转变，小家庭成为社会的常态。

六、族群权利指标项

族群权力指标项主要是从权力归属的角度理解，一般分为父权制和母权制。之所以没有使用母系社会和父系社会这两个概念，主要是没有体现出权力的归属，而是从家庭结构来进行划分。所谓母权制，是指女人拥有决定家庭事务的权力。所谓父权制，是指男人在家庭和社会中具有绝对的权威。

七、社会控制指标项

社会控制指标项主要是从社会控制的角度理解，一般分为法律控制和道德控制。法律对于社会成员的控制具有强制力，道德对于社会成员的控制比较松散。社会控制的松紧，取决于选择哪种规范为主、哪种规范为辅。

八、社会发育程度指标集与民族文物的解读

如果对某一地区某个少数民族的社会发育程度有了较为客观的评价，对这一地区这一少数民族社会发展阶段就有了较为准确的认定，那么，这一地区的民族藏品都可以按照以上七个指标项进行藏品的征集、鉴定、定级、入库、管理等工作。以上七个指标项基本能够反映民族藏品的社会属性和社会发育程度，要想对民族藏品的社会属性进行解读，需要工作人员具备一定社会学背景，并对藏品信息指标体系中的社会属性指标项有所了解。

总之，我们强调民族藏品的社会发育程度指标集，不仅有助于我们对民族藏品进行信息管理和藏品管理，也有助于学术界开展对某一民族社会发展阶段的研究。如果一个民族的社会发展阶段比较明确，能够做出较为明确的判断，那么对于我们认识这一时期出土和收集的民族藏品的社会属性将会起到促进作用。

第七章　民族博物馆藏品名称属性指标集的建立

　　名称是对物品的称呼，是对物品属性抽象化的称谓。比如，碗是口大底小、圆形的、盛装食物的容器。当我们介绍碗这一物品时，不可能对碗进行如此详细、反复的解释，而是以这一物品的名称"碗"进行概括。如果没有实物，作为受众的我们在听别人说"碗"的时候，也无须进行详细的推理，而是在思维中出现"碗"的外观等映像，便可和传播者进行交流。因此，名称对于我们认识和了解器物起到非常关键的作用。

　　由于文化系统的差异，少数民族在生产、使用物品的过程中都会融入本民族的文化因素，不可能做到全国大统一。比如，碗的烧造工艺、形制、纹饰、釉色等都会有所不同。另外，碗在使用过程中，也被少数民族赋予了新的文化意义，比如巫师拿碗盛祭祀用品，碗就成为凡人不可接触的神器。

　　另外，由于语言方言等不同，对于同一物品有着不同的称呼，在某一文化系统当中可以交流，但是到了另外一个文化系统当中却成了交流障碍。如果按照汉族的文化系统来命名藏品，尽管大多数中国人都能理解，但是这种大一统的做法将抹杀少数民族独特的色彩，而且还容易有文化霸权、不尊重差异的嫌疑。

　　因此，有必要对民族藏品的名称属性进行详细的分析。

第一节　藏品的规范化用名

藏品名称是识别文物藏品的重要标志，也是藏品外在特征和内在属性的体现。藏品命名本身就是高度概括同时体现丰富信息的过程。科学的命名，既要突出反映藏品的外在特征和内在属性，又要便于藏品的保管、研究和展示。

在 1986 年公布的《博物馆藏品管理办法》中，国家文物局对博物馆文物藏品的定名有着原则性的规定，其中关于历史文物定名条款指出："一般应有三个组成部分：即年代、款识或作者；特征、纹饰或颜色；器形或用途。"[①] 在多年的实践中，逐步形成了文物定名六大要素：年代、物主、地域、事件（用途）、特征和通称。

在突出文物的显性特征的同时，文物命名也要符合人们的认知结构。比如，蒙古皇妃金漆雕龙凤纹红木宝盒，这一命名突出了物主、工艺、纹饰、材质以及用途，比较符合人们的认知结构。当然，信息量太大、特征太多、太长的命名本身就失去了文物命名的要义，成为文物藏品的描述说明，因此也是需要我们在命名过程中尽量克服的。

对于民族文物命名，由于种种原因，我们没有相应的规范和说明，要么过于简单，要么过于随意，基本都是工作人员按照《馆藏文物档案填写说明》以及经验在摸索，没有形成统一的规范。在这个原则下，我们要考虑民族文物定名的诸多因素，如年代、作者、产地、款识、纹饰、颜色、工艺、造型、质地、功

[①] 杨海峰、韩奎元：博物馆藏品定名刍议 [J]，中国博物馆，1990 年 1 期。

用、通称，等等。①

一、藏品原名

藏品命名遵循的原则是要求鲜明、准确、简洁、科学、概括、直接，能够表述文物的外在形式和最本质的内涵特征。鲜明、准确、简介、科学、概括、直接，这些是多年实践中总结出来的，也是藏品命名行之有效的原则。本书不在此做一一解释，更多的是探讨现有民族博物馆藏品命名出现的问题。例如，很多博物馆对藏品的命名不够规范，过于随意，因此就产生了所谓的藏品原名。

比如，考古发掘品的命名在很多情况下是使用藏品原名，也就是当时考古发掘者对发掘品的命名。由于种种原因，当时对发掘品的命名比较仓促，没有考虑到博物馆藏品管理的实际，更没有考虑到藏品信息共享的实际。因此，有必要对藏品进行重新命名。

再比如，我们对于民族文物的征集，主要是根据收藏者及物主对于藏品的描述，特别是早期一些民族文物的命名基本如此。随着我们认识的深入，这些藏品的原名显得不合时宜，容易产生误解。

还有一些民族藏品，因为我们不了解其用途和功能，没法对其进行准确的命名，一般多从汉族人的思维出发进行命名，不仅命名有失准确，而且还有不尊重民族习惯的嫌疑。

总而言之，藏品原名就是藏品在征集、入库时所取的俗名，可能做不到鲜明、准确、简洁、科学、概括、直接，甚至还会出现错误。在社会共享的大背景下，需要我们进行更加专业、更加

---

① 张伟琴：博物馆文物藏品定名规范的再探讨［J］，中国博物馆，1997 年 4 期。

科学的命名，因此有必要对藏品原名和藏品名称进行区分，分析藏品命名的各要素，综合各大民族博物馆民族藏品命名研究的成果和经验，从而体现出民族藏品的名称属性。

二、藏品名称

所谓的藏品通称包括藏品学名和藏品名称。藏品学名一般指的是较为正式的名称，是从学科角度进行的命名。藏品名称也称为藏品通称，是指社会上、历史上对文物形成的公认称呼，是一种长期形成的、源于文物的社会功能的专用名称。藏品通称一般依据藏品学名而定，同时要考虑到藏品俗称的可行性。而藏品名称等同于藏品通称，应体现藏品俗称的习惯。因此，学术界较多使用藏品名称来定义和展示藏品的特征。

藏品名称不同于所谓的定义，所谓定义是对事物概念和内涵的描述。而藏品名称是对事物的称呼。这种称呼本身带有一定的认识论成分，也就是说即便说者没有实物的前提下，仍然可以通过藏品的名称和听者进行交流。但是和定义相比，名称仅仅是对事物的一种称呼，并非是对事物概念和内涵的描述。当然，如果听者对于这一名称有过较为深入的认识，那么这个名称本身是可以达到定义、概念的效果。

对于民族藏品而言，如何在藏品名称上既能体现出民族特色，又能实现业内和业外的信息共享。这是民族藏品研究、民族博物馆研究所要解决的问题。另外，民族藏品的名称，是按照本民族的称谓命名，还是按照地区性称谓命名，是汉语音译称谓，或是汉语意译称谓，还是汉语音意合译称谓。这些问题都应该在藏品名称上得到体现。

所谓汉语音译称谓，是使用汉语来表述少数民族语言表达出来的事物名称。这一名称是根据汉语音译过来的，并非汉语所表达的意思。如果按照汉语的字面意思，是无法还原这一少数民族的名称的。但是汉语音译能够表述少数民族的语境，因此能够让更多人了解和掌握这一名称。最为关键的是，这样的名称便于汉族和少数民族之间的交流，也比较符合长期以来人类的认识规律。

所谓汉语意译称谓，顾名思义，就是指用汉语来表达少数民族语言所表达的事物名称。这样的名称尽管和少数民族语言的发音不同，但是能够让人直观地明白这一事物的本来所指，因此常常使用在音译不奏效或者音译过于复杂的场合。也就是说，如果音译的称谓过于复杂，容易让人产生误解，可以考虑使用意译称谓。

从以上的分析看，我们对于民族藏品名称的命名，要综合考虑各种因素，从各个方面进行分析。只有这样，才能够为民族藏品找到适合其特性，并能够反映其特征，更能够进行各民族之间交流的名称。

另外，作为民族藏品的名称，应包含该文物藏品的年代、地域、人文以及有关的工艺技法、文饰题材、形态、质地等本体属性的信息和物名（或通称）等信息。也就说是，民族藏品的名称应该尽量体现出这一藏品所具有的命名要素和特征。

同样的，民族藏品的命名，还要处理好制作者和使用者、作者和作品、本民族和其他民族的关系。因为很多民族藏品本身就是征集和发掘出来的，有不少属于收藏品和埋藏物，因此需要我们区分好生产、使用、收藏、遗弃等过程。如果这几个过程当中涉及两个或者两个以上的民族，那么这些藏品的命名也要体现出来这些因素。

第二节 民族语言或习惯用语定名暂缺失

藏品原名和藏品名称是藏品名称指标集的两个指标项，是我国博物馆藏品管理藏品名称的必填指标项。藏品原名和藏品名称虽然在民族文物信息管理中同样重要,但事实上,这两个指标项并没有很好地反映藏品的名称属性特别是民族藏品的名称属性。也就是说,民族语言或习惯用语在民族藏品的命名中缺失。

对于民族藏品而言,是否可以使用该民族的文字或语言进行命名呢?使用这些民族语言进行命名有什么好处呢?

一、民族文物的本民族文字、语言命名

在民族文物信息管理上,通行的办法是以汉语命名为准,登录信息往往也以汉语为主,在国家文物局版本的藏品管理信息系统中也没有民族语言录入藏品信息的选项。因此,在博物馆藏品管理中,民族语言的使用往往被忽视,没有相应的指标项。

如果能够从民族语言的角度出发,使用与藏品文化属性所关联的民族语言对藏品进行命名,那么既可以突出民族藏品的民族属性,又尊重了少数民族的习惯,让这些民族有一种认同感,另外还将更好地普及民族语言,更好地发挥民族藏品在民族文化传承中的作用。

一般说来,在一些民族的语言体系中,藏品的名称和汉语的名称有着一定的差异。如果完全按照这一民族语言的意思进行音译,很有可能连汉族人都无法理解这一藏品的用途。比如,猫哆哩是云南的一种特产,别称酸角糕。而猫哆哩又是傣族的语言,意译为"阳光活力的男孩"。类似的情况在各民族语言中普遍存在,需要我们在使用少数民族语言的同时,要突出这一藏品被众人所熟知的通称。最好是两种语言同时使用,以民族语言为主,汉语为辅;既能突出民族特色和民族语言,又能符合公众的认知习惯;既要考虑到本民族语言的传承,又要考虑到民族语言的推广。

实际上,很多民族博物馆工作人员在长期的实践中总结出了

一些利用民族语言进行民族藏品命名的经验。比如类似于唐卡这样的名称,主要是根据多年来民族交流所形成的思维定式进行的。因此,我们认为,在对民族藏品名称进行界定的时候,要对文化交流的因素进行全面考虑。

二、与民族相关的命名要素

现有的藏品命名主要是三部分:年代、款识或作者;特征、纹饰或颜色;器形或用途。① 三部分的要素如何组合,才能让藏品名称更好地反映藏品的内在属性。除了年代、款识、作者、特征、纹饰、颜色、造型、功用等因素外,非常重要的因素如质地、工艺、产地等因素并没有涵盖进去,因此需要我们在命名的时候增加这些因素。

现有定名要素的组合并没有按照一定的规律进行,因此,藏品命名过于杂乱。特别是对于民族藏品,不仅没有涵盖民族要素,而且没有和历史文物做区分,命名要素的组合也缺乏一定规范。对于这些问题,学术界有过深入的探讨,但并没有形成统一的认识。笔者认为,藏品命名需要遵循以下几个原则:

首先,藏品命名是建立在科学鉴定基础上。鉴定本身就是对藏品各要素的一个综合考量。如果能够对藏品的各要素有一定客观的把握,那么对于藏品的命名就能建立在客观的基础之上。其次,藏品的命名应建立在科学分类的基础之上。分类的过程其实也是对藏品各要素进行梳理的过程,在此过程中我们对于藏品的命名将依据分类学的原理进行。最后,藏品的命名要建立在逻辑学基础之上。藏品命名的各要素组合要符合逻辑,不仅要符合少数民族的逻辑,更要符合汉族的逻辑。

---

① 傅玉芳、任常中:博物馆藏品定名规范探讨[J],中国博物馆,1991年1期。

通过以上分析，我们认为，有必要将这些定名要素进行整理，将缺失的定名要素涵盖其中，然后对这些要素进行分类，将这些要素分为体现间接特征、直接特征、质地的要素以及藏品的通称。按照这样的逻辑，形成定名规范，从而让所有的民族藏品拥有"标准话"的功能。

藏品命名的第一个要素是年代，既可以按照历史分期，也可以按照公元纪年，还可以按照朝代。值得强调的是，民族藏品可以按照这一民族的朝代进行命名。比如古滇国发掘的藏品，可以说是云南少数民族的民族文物，然后可以按照古滇国这一朝代进行命名。这样的命名不仅突出了年代，而且还突出了民族属性。

藏品命名的第二个要素是物主，一般分为创造者、使用者和收藏者。一般说来，民族藏品中的这三者关系比较复杂，比如汉族生产，苗族使用，彝族收藏，因此，对这类藏品的命名，要突出最为显著的特征，比如苗族使用的汉族物品，可以归为民族藏品。

藏品命名的第三个要素是特征，可以分为质地、器型、纹饰、颜色、工艺和铭文等因素，同时也可以分为直接特征和间接特征两个类型。在一些学者看来，质地是不同于特征的因素，不应该属于特征这一范畴。比如，安丽单独将质地作为藏品命名的要素进行分析。[①] 在她看来，质地是民族藏品命名的主要因素。强调质地的藏品命名，可以突出该藏品不同于其他藏品的特征，达到强化这一藏品在同一民族藏品体系中的作用。藏品命名突出质地这一要素并进行合理的组合，比较符合人类认识事物的逻辑。安丽在其论文中，还对单一质地和复合质地的民族藏品的命名进行了探讨。

[①] 安丽：内蒙古博物馆馆藏民族文物定名规范 [J]，中国博物馆，2000 年 4 期。

另外，类似器型、纹饰、颜色、工艺和铭文等特征在不同民族藏品的命名中都可以得到强化。如果有一些器型比较特别的瓷器，那么对于瓷器的命名就要突出其器型；如果一些藏品的纹饰较为特别，那么在对这一藏品的命名中就要突出纹饰的这一特征；如果一些藏品的颜色有着特殊的意义，那么也可以强化颜色的因素，进而在藏品的命名上予以突出。

藏品命名的最后一个要素是功能，我们发现，之前对于一些藏品的命名并没有突出藏品的功能，特别是通过音译而命名的民族藏品，因此，给我们造成了很大的困惑。如果一个藏品的命名没有突出其功能和用途，那么这个藏品的命名可以说是失败的。突出藏品的功能和用途，并不一定要直接按照功能命名，特别是那些受到字数的限制，不便进行阐释的功能。但是，我们可以通过藏品本身的名称来突出藏品的功能。比如洪武十年铜火铳、雕花牛角火药囊等，这样的命名很容易让人联想到藏品的用途，从而比较符合认识的逻辑。

总之，对于民族藏品的命名，我们要尽量体现出民族的特色，同时又要保持一定的规范和标准。没有规范，没有标准，这样的命名不仅不能体现藏品的特征，而且还会给大家造成很大的困惑。对于命名要素的组合，也要遵循一定的规律，其定名顺序要根据藏品的不同而定。

安丽对于不同质地的民族文物的命名进行了如下的组合：（1）石器类的命名组合为款识＋器型＋工艺＋纹饰＋颜色＋质地＋通称；（2）玉器类的命名组合为器型＋工艺＋纹饰＋颜色＋质地＋通称；（3）珠宝类的命名组合为器型＋工艺＋纹饰＋颜色＋质地＋通称；（4）陶器类的命名组合为器型＋工艺＋纹饰＋颜色＋质地＋通称；（5）瓷器类的命名组合为款识＋窑别＋釉色＋烧制工艺＋装饰工艺＋纹饰＋器型＋通称；（6）玻璃器类的命名组合为器型＋工艺＋纹饰＋颜色＋质地＋通称；（7）金银器类的命

名组合为铭文（印文）＋器型＋工艺＋纹饰＋质地＋通称；（8）铜铁类的命名组合为铭文（印文）＋器型＋工艺＋纹饰＋质地＋通称；（9）骨角类的命名组合为器型＋工艺＋纹饰＋质地＋通称；（10）漆木器类的命名组合为器型＋工艺＋纹饰＋颜色＋质地＋通称；（11）毛革品类的命名组合为形制＋工艺＋纹饰＋颜色＋质地＋通称；（12）丝织品类的命名组合为颜色＋质地＋工艺＋纹饰＋形制＋通称；（13）纸质品类的命名组合为年代＋款识＋作者＋内容＋技法＋书体＋通称。

以上是安丽根据内蒙古博物馆馆藏民族文物的命名经验确定的藏品命名要素组合。我们认为，以上组合有着一定的科学性，针对不同质地的藏品，梳理出不同的特征，然后再根据这些特征梳理出命名要素并进行组合，这样的经验将有效地指导其他地区民族文物的命名实践。

随着博物馆社会化的发展，特别是数字博物馆的发展，建立在共享基础上的检索系统和社会共享机制，对藏品的命名会提出更高的要求。如果藏品命名的基础工作没做好，可能会影响到后续藏品数据库的建设，不利于信息的共享，也不利于藏品的保管和使用。

第三节 藏品名称民族语言标准字段及描述

对于民族藏品缺乏少数民族语言或习惯用语的问题，特别是民族藏品命名出现的问题，本章对民族藏品的名称属性进行分析，探讨民族藏品命名所要遵守的原则以及需要注意的事项。通过分析，我们认为，民族藏品的命名规范中一定要增加以下四个命名要素：民族要素、质地要素、工艺要素、产地要素等。

一、民族要素是民族文物命名的文化依据

藏品是博物馆存在的基础，藏品的保护既包括实物的物理保护，也包括藏品信息的保护，藏品的命名就是藏品信息保护的关键之一。在民族文物命名过程中，民族要素要体现在藏品名称上，这既是对文物信息的保护和传承，又是民族文化平等的表现。

民族要素的体现，不能简单地等同于民族族别的体现，而是要将该器物所属民族的文化特征加以体现，要依据该民族对器物的习惯称谓和传统用途来命名。比如藏族生产的具有民族地域特征的物品就要突出藏族的民族要素，古格王朝的唐卡不能直接用"古格王朝卷轴画"来命名。正确、充分考虑民族文化性的民族文物命名，就是对文物的信息保护措施之一。

现代国家中，民族平等是一般民主要求的一个重要内容。中国是一个多民族国家，各民族不论人口多少，经济社会发展程度高低，风俗习惯和宗教信仰异同，都是中华民族的一部分，具有同等的地位，在国家和社会生活的一切方面，依法享有相同的权利，履行相同的义务，反对一切形式的民族压迫和民族歧视。因此，民族文物的命名也要体现民族文化的平等，不能简单地按汉民族或其他民族的文化习惯对民族文物进行命名。民族文物的产生是与民族文化环境有着必然的联系，一切文化现象都有着其存在的必然性和合理性，简单地用他民族的文化思维去解释民族文物，有可能会造成对附着于民族文物的民族文化信息曲解，形成事实上的文化不平等。

民族文物命名还要注意的是民族交往、民族交流等情况，比如汉族生产的御制青花瓷赠送给少数民族的首领使用。这样的信息要在藏品的命名上体现出来。

二、质地要素是民族文物命名的物质基础

所谓藏品，就是入藏的实物。对于实物而言，材质、质地是第一判断属性，如铁犁耙、铜车马等。但是，对于实物质地的判断往往归于视觉信息，在实际命名中似乎并没有强调，如视觉信息传达的是铁犁耙，但在书面表达上未必表达出材质的信息，或许是明代四川农具犁耙等。过去，我们对于藏品的分类多从功能的角度进行，比较少从藏品的质地进行分类。实际上，如果从质地的角度进行藏品的命名，反倒是能够体现了藏品的内在属性。比如，有学者认为，藏品命名可以包括以下四部分，其为公式：文物藏品名称＝间接特征＋直接特征＋质地＋通称。[1] 在安丽看来，如果能够梳理清楚直接特征和间接特征，那么对于这一藏品的命名就是成功的。

三、工艺要素是民族文物命名的技艺特色

文物是人类在历史发展过程中遗留下来的遗物、遗迹。它是人类宝贵的历史文化遗产。文物是指具体的物质遗存，它的基本特征是：第一，必须是由人类创造的，或者是与人类活动有关的；第二，必须是已经成为历史的过去，不可能再重新创造的。因此，文物本身代表了文物所处时代的社会发展水平、人类的创造能力、技术的社会应用等信息。一件文物藏品，必然能够体现出具有鲜明时代特点的人类技术制造、艺术创作，因此，在藏品名称中体现工艺，也是对这一要素的强化。比如，"天青缎彩绣四季屏"这一名称就把彩绣的工艺突出出来，让人一目了然。事实上，有一些民族文物和民族藏品的最大价值就是在于其工艺与

---

[1] 安丽：内蒙古博物馆馆藏民族文物定名规范[J]，中国博物馆，2000年4期。

众不同。如果在命名过程中忽视了这样的因素，那么这样的命名是比较失败的。

四、产地要素是民族文物命名的地域说明

按照民族学对民族的定义，民族是"人们在历史上形成的一个有共同语言、共同地域、共同经济生活以及表现于共同文化上的共同心理素质的稳定的共同体"。[①] 但是，随着民族发展变迁，人口的交流迁移，许多民族呈现大分散、小聚居的民族分布格局，如犹太民族，随着上千年的迁徙，现分布于世界各地，且在人种上也从单一的欧罗巴人种变为白人和有色人种，虽肤色不同、地域不同，但其存在着强烈的民族认同感。中国的回族，也是如此。经过前两章的讨论，我们也发现不同地域的同一少数民族存在不一样的特征，因此在民族藏品的命名上要体现出产地这一要素，比如大凉山、小凉山彝族的服饰就有所不同。如何在命名过程中将产地要素体现出来，需要我们对少数民族的分布有一定的认识。

以上是藏品命名需要增加或者给予考虑的定名要素。作为名称指标集而言，仅藏品原名和藏品名称这两个指标项是不够的，无法反映民族藏品名称属性的更多信息，因此，需要增加民族用语称谓这一指标项。可以这么说，民族用语称谓指标项不仅仅是对规范的补充，更为重要的是能够起到尊重和发扬少数民族文化的作用。对于这一指标项，可以使用这一民族对于此类文物的民族用语称谓，既可以是音译称谓，也可以是意译称谓，只要能够将这一民族对于这一产品的称谓体现出来即可。

---

① 《斯大林全集》第 2 卷 [M]，北京：人民出版社，1953：291。

第八章　民族博物馆藏品地域属性指标集的建立

地域属性是指自然地理环境对于少数民族文化系统的影响。一般说来，任何一个民族都会受到所在的自然地理环境的影响，体现为各种不同的建筑风格、生活习俗和生产方式。由于我国少数民族的生存环境比较恶劣，因此，地理自然环境的因素更加明显地反映在民族藏品的特征上，从而构成了独特的民族藏品、民族文化遗产的地域属性。比如，生活在潮湿地带的少数民族居住在干栏式的建筑；生活在东北原始森林的赫哲族使用鱼皮和兽皮做各种服装。民族藏品作为物化的民族产物，同样也存在较为明显的地域差别和特征。除此之外，民族方言、民族音乐、民族戏曲、民族宗教等非物质文化遗产也具有较强的地域属性。地方戏、地方方言、原始的宗教崇拜等，在不同的地方、不同的少数民族当中都有着不同的特征。

本章就是要对民族藏品的地域属性进行分析，从物质文化遗产、非物质文化遗产等方面来解读民族藏品的地域属性，进而更好地将少数民族和自然地理环境之间的关系体现出来。可以这么说，一部少数民族的历史，其实就是这一民族与自然地理环境进行抗争的历史，如何学会和自然和谐共处，如何在这些艰苦的地理环境中获得食物，如何从艰苦的自然环境中学会生存并进行繁衍生息，这些问题归根结底就是要处理好族群成员和自然环境之间的关系。

第八章 民族博物馆藏品地域属性指标集的建立

另外,我们之所以强调地域属性指标集,主要是因为随着现代社会的发展,越来越多的民族文物进入濒危状态,需要我们进一步扩大文物保护的范围,要陆续将一些地域性很强的民族、民俗文化遗产纳入到民族博物馆的保护范围当中来。因此,民族博物馆藏品信息指标体系一定要对民族藏品的地域属性进行探讨和分析,从而及时实现更大范围的保护和传承。

第一节 《博物馆藏品信息指标著录规范》的基本要求

《博物馆藏品信息指标著录规范》将地域指标集分为地域类型指标项、地域表示方式指标项、地域指标项等三个指标项。

所谓藏品的地域类型,分为制造地、出土地、采集地、使用地。(1)制造地是指此件器物的制造地点,如宜兴紫砂器应为江苏宜兴制造;(2)出土地是指此件器物是在什么地方出土的;(3)采集地是指此件器物在什么地方采集的;(4)使用地是指此件器物当初的实际使用地,可以是小的具体地点如"咸阳""长安"等,也可以是大的地域范围如"秦国""巴蜀"等。

所谓的地域表示方式分为:(1)中国行政区划;(2)中国古代国家与地方政权;(3)中国历史地名,表示方式为朝代+地名,如:汉长安;(4)中国古窑址与窑系;(5)中国革命根据地;(6)世界各国和地区。

所谓地域指标项可以按中国行政区划设定,如陕西省延安市;也可以按照中国古代国家与地方政权设定,比如大理;也可以按照世界各国和地区来设定,比如日本京都。

从《规范》对于地域指标项的解释和说明看,地域类型指标项能够看到文物存在生产、使用、遗弃三个过程,特别考虑到考古发掘品的特殊性,因此划分为出土地、生产地和使用地。但是,我们也发现,《规范》并没有完全从自然地理环境对于民族的影响这一角度出发，缺乏相应的指标项来体现地域因素对于少数民族的影响，也没有考虑到不同少数民族之间的民族融合、民族交流的实际情况。因此，有必要对民族藏品的地域属性进行深入的探讨。

藏品的地域属性有点类似于产品的产地标签，比如从瓷器的产地看，龙泉瓷器、景德镇瓷器都是比较出名的，具有比较明显的地域标签。这种地域特征体现在瓷器的釉色、纹饰以及器型上，同时也可以通过铭文加以标注。标注产地的藏品具有较为明显的地域特征，有助于我们认识藏品的地域属性。当然，一些民族藏品的地域特征不是很明显，如果不做标注，确实也分不清，这就需要博物馆工作人员在藏品信息的解读上做一些有益的尝试。

其次，所谓藏品的出土地主要针对的是那些墓葬及地下埋藏物。由于这些藏品埋藏地点比较明确，结合随葬品的组合可以反映出这些藏品的物主及最终的流向。这些信息对于我们确定藏品的民族属性以及地域属性起到关键的作用。但是，我们也发现，与墓葬中的藏品不同，其他埋藏环境下的埋藏物可能属于无主物或者是遗弃物，本身并没有太多的文物价值。而墓葬中的遗弃物很多都属于随葬品，反映了墓主人的喜好以及一些葬俗文化等因素，但是对于一些葬俗文化特别的少数民族，出土地这一地域特征不是很明显。

最后，所谓藏品的采集地比较适合民族藏品的实际，因为大部分的民族藏品都是在使用者手中收集上来的。收集的地点、收集时的状态都是我们需要考虑的因素。在进行藏品收集的时候，有些藏品已经处在被遗弃的状态，也有很多处在使用的状态。处在遗弃状态的藏品，除了确认其物主之外，还需要对其功能进行分析。而处在使用状态的藏品，需要我们对藏品的生产地点和使用地点进行分析。如果生产地点和使用地点不同，那么这一藏品所体现的信息就相对丰富，可能就涉及藏品的流通、交易等问题，特别是同一民族不同分支或者是不同民族之间的交流等问题。

另外，采集地一般包括藏品的使用地，也就是说采集的藏品有处在遗弃状态的藏品，也有正在使用状态的藏品，更有处在收藏状态的藏品。如果这些藏品的地点分属于不同的少数民族地区，分属于不同民族的使用者和收藏者，那么，对于这些藏品地域属性的研究就应该更加丰富和深入。

第二节　民族文化地理、地域认同感所形成的民族地域表示方法

由于少数民族长期居住在一定的自然环境里，地理环境对于民族文化的形成产生重要的影响，由此也在这些民族当中产生了一定的地域认同感。即便不是一个民族，但是在这种环境长期生活，也会形成一些较为类似的民族文化。因此，我们有必要对民族文化地理、地域认同感所形成的民族地域表示方法进行探讨，从而为地域指标集增加更多的信息。

强调少数民族的地域属性，是希望不断地扩大我们物质文化遗产的保护范围。之前我们讨论过，民族物质文化遗产的保护目前陷入了很大的困境。因为很多具有民族价值的民族工艺品正在受到市场经济的冲击，比如一些精美的彝族服饰被一些不法商人购买并流失到国外去。但是作为文物保护部门，面对这样的现象却无计可施。如果我们强化民族工艺品的地域属性，强化民族藏品的地域属性，可以讲这些民族工艺品纳入到民族博物馆的保护体系中来，为这些民族工艺品建立起保护的缓冲区，一旦我们确认这些民族工艺品具备文物保护的价值，那么我们就可以将其纳入民族博物馆的保护范围中来，可以加大对那些地域特征明显的

民族文物的保护力度。

从历史上看，少数民族地区之所以出现民族地域观念，即所谓民族文化地理概念，是受到自然地理环境以及长期在这区域生活所形成的文化系统影响。传统文化地理、地域观念以及后来所进行的行政区划都会影响到民族地域观念的形成。新中国成立以来，我们按照现行的行政区域对民族地区进行划分研究，实际上存在很大的弊端。本来地域相近、同属于一个文化区的少数民族被割裂开来进行研究和保护，最后造成民族文化研究的拉链。

为了更好地对民族地域了解，我们分别对具有一定地域特征的少数民族进行分析，有些划分完全是以地域分布进行的，也有的是根据民族分支进行的。辩证地看，民族分支也都是长期生活在不同地域所形成的。

白族分为高山地区、平坝地区；布朗族分为布朗山区、平坝地区；布依族分为云南区、四川区；德昂族分为"德昂"区、"尼昂"区；侗族分为南侗区、北侗区；哈尼族分为哀牢山区、澜沧江区；回族分为东干族（境外回族）、东南回区、西北回区、西南回区、杂散居地区；拉祜族范围高山区、平坝；傈僳族分为北傈僳、南傈僳；蒙古族分为东部蒙古、西部蒙古；羌族分为北羌区、南羌区；土家族分为北支土家区、南支土家区；维吾尔族分为北疆区、南疆区；锡伯族分为东三省、新疆；瑶族分为盘瑶、山子瑶、顶板瑶区、花篮瑶区、过山瑶区、白裤瑶区、红瑶区、蓝靛瑶区、八排瑶区、平地瑶区、坳瑶区；彝族分为大凉山区、小凉山区；藏族分为堆巴区、臧巴区、卫巴区、康巴区、安多洼区；壮族分为骆越区、西瓯区。

从以上的分类看，由于这些民族分布较广，所处的自然地理条件不尽相同，因此形成了很明显的地域属性。但是对于一些分布较为集中的少数民族，地域特征就不是很明显，至少很难使用地域属性来对其进行分类。在这种情况下，很多学者都会选择语言作为民族分支划分的标准,通过研究同一民族不同分支语言的区别来对这一民族进行划分,区分出不同的民族分支来。不管如何,我们认为,地域同样也是民族分支划分较为重要的因素。特别是研究民族史的学者,就是通过研究民族的地域分布来了解这一民族的迁徙历史和迁徙过程。

所谓的民族文化地理主要强调自然地理因素和民族文化因素之间的互动关系。过去,我们一直强调自然地理对于民族聚落形成的影响,对于民族聚落的布局、民族聚落之间文化交流等问题,需要从民族文化地理的角度进行探讨。民族文化群、文化带的形成和自然地理因素有着一定的关系,同时这些民族具有比较特殊的文化系统,在不断地适应自然地理环境过程中形成了现有的格局。

随着民族文化地理研究的不断深入,我们相信,我们对于藏品的地理属性的认识也将会更加深入。通过民族文化地理学的研究,我们可以对于同一民族文化带、同一民族文化群里的同一类藏品进行文化因素的分析,分析这一文化特征在这一民族文化带的分布情况,从而对这一文化特征的地域分布有一个全面的认识。另外,我们还可以对同一文化特征在不同民族文化带、不同民族文化群的分布情况做深入的研究。通过以上的研究,我们可以对民族藏品的地域属性有了更加全面、更加系统的认识。

第三节 藏品民族地域指标的字段及描述

通过以上的讨论,我们认为,有必要在地域指标集里增加一个指标项,那就是民族地域表示方式。这一指标项主要是针对一些跨地域的少数民族进行设置的,可以采用以下不同的标准。跨行政省的地域表示方式:云南布依族、四川布依族;相隔千里的地域表示方法:东北锡伯族、新疆锡伯族;地名不同的地域表示方法：大凉山彝族、小凉山彝族；方言不同的地域表示方法：盘瑶、山子瑶、顶板瑶、花篮瑶、过山瑶、白裤瑶、红瑶、蓝靛瑶、八排瑶、平地瑶、坳瑶；地形不同的地域表示方法：哀牢山哈尼族、澜沧江区哈尼族；民族分支分布的地域表示方法：骆越壮族、西瓯壮族；南北方分布的地域表示方法：南侗和北侗、南羌和北羌、南傈僳和北傈僳等等。

总之，民族地域表示方法指标项采用了众多地域区分的标准，基本能够反映我国少数民族的民族文化地理和地理认同感。这样的指标项有助于我们认识和了解民族藏品的地域属性，因此在民族藏品信息指标体系中不可或缺。

对于民族地域表示方式指标项，我们主要是根据民族分布和分支的情况进行的分类。对于这些分类之间的不同，需要我们进行深入的分析和总结。例如，我们可以分析出大凉山彝族和小凉山彝族在器物生产上的区别，东北锡伯族和新疆锡伯族在器物使用上的异同，另外，我们可以分析出哀牢山哈尼族和澜沧江区哈尼族在器物收藏上的异同。最后，我们还可以分析出南侗和北侗、南羌和北羌、南傈僳和北傈僳在埋藏习俗上的区别。

过去，我们对于器物上的地域特征仅仅从生产环节也就是产地做出的区分，对于器物的使用环节、收藏环节以及遗弃环节都没有过多的探讨。同样，我们对于少数民族的分支研究，也只是介绍他们在生活习俗、宗教信仰以及生产生活中的区别，并没有落实到器物的使用、器物的收藏以及器物的遗弃方面的异同。因此，藏品信息指标体系建立后，我们对于这一领域的研究需要进一步加强，需要在这一指标项的指导下进行深入的分析。

如果我们能够从器物的使用、收藏和遗弃等环节对同一民族的不同分支做出区分，能够在器物层面上对民族分支的不同特征进行梳理和总结，那么不仅能丰富民族学、人类学的内容，而且还能在研究方法和研究思路上取得一定突破。本书仅仅是对这些

第八章　民族博物馆藏品地域属性指标集的建立

研究做出规范，在规范的指导下，我们相信，更多的研究成果将会随着研究的深入不断涌现。

通过以上分析，我们建构的民族博物馆藏品信息指标体系中地域指标集分为以下四个指标项：地域类型指标项、地域表示方式指标项、民地域表示方法指标项、地域指标项。

第九章　民族博物馆藏品功能属性指标集的建立

任何一件物品都具有一定的功能，以满足人类某种或多种需求。由于种种原因，一些民族文物丧失了实用品的功能，成为人类的遗弃物、随葬品、收藏品。经过考古发掘或田野征集到的遗弃物和随葬品，经过岁月的尘封后重见天日，虽然丧失了实用品的功能，但却拥有了新的功能即见证历史、透物见人的功能。

所谓民族藏品功能属性，主要是按照少数民族对于器物的使用习惯以及器物在这个族群发挥的作用来进行藏品功能的界定，同时也考虑到成为遗弃物、埋藏物、收藏物后发挥的功能。前者属于核心功能，后者的属于延伸功能。

第一节　民族博物馆藏品的功能分类特征

一般说来，我们对于民族藏品功能的认识，除了使用功能和社会功能外，主要从以下两个方面进行，首先是藏品的原始功能，其次是藏品丧失原始功能后获得的其他功能。

所谓藏品的原始功能就是在没有入藏之前在社会生活中的实际用途，可以分为生产工具、生活工品娱乐用品、武器装备和宗教用品。但是有些藏品是多用途的，既可以作为生产工具，也可以作为武器装备使用；既是娱乐用品，也是宗教用品。因此，对于这些用途，我们是很难进行界定，只能根据使用的环境和场合来鉴别。但是，对于失去环境的藏品，我们很难进行还原，大多是靠收藏者或征集对象的介绍，不够科学和客观，很容易出问题。比如，我们对于良渚墓葬出土玉器功能的认识存在严重的不足，这些玉器是由冠饰、端饰和钺组成，由于连接这些玉器的木质材料腐烂，如果不进行认真的分析，是很难将散落的玉器还原成玉杖。总之，这种失去使用环境的藏品，很难对其功能进行认定，很难判断它是否为一件代表着权力和财富的组合玉器。

除了自然属性外，藏品的社会属性也是很难判断的。自然属性可以通过器物的外在特征进行感官上的认定。然而，藏品的社会属性，需要我们借助一定的知识底蕴和理论支撑，才能完成对藏品社会属性的认识。如果是社会属性较为复杂的藏品，那么，我们对这件藏品功能的认定就不能过于简单化，不能对丰富的藏品信息做简单化处理。新中国成立前，我们对民族文物的征集，是在民族学、人类学理论的指导下进行的。民族学标本、人类学标本之所以能够演变成为文物或文化遗产，并纳入国家公共权力的保护范围，这与我们的文物观念的转变、对文化遗产认识深入有着很大的关系。

如何认识藏品的功能呢，这需要我们进行多学科的交流和沟通。以民族学为例，很多民族现象能够帮助我们解决一些困惑。比如，我们在红山文化墓葬中发现玉玦，当时对这些带有缺口玉器的功能不是很了解。但是，通过对少数民族的地区的民族学调查，学者邓聪发现，黎族女人将玉玦作为耳饰。汉代的史料，也佐证了这点。《吕氏春秋》有"北怀儋耳"的记载，《说文解字》则说"南方有儋耳之国"。[①] 通过民族调查以及文献研究，我们了解了玉玦有缺口的原因，也了解到这一玉器的功能。

---

① 杨虎、刘国祥、邓聪：玉器起源探讨 [M]，北京：中国考古艺术研究中心，2007年，第172页。

那么，对于功能复杂的文物，如何认识其功能并对其进行分类呢？比如，藏族的一把刀，既可以作为生产工具，又可以作为护身的兵器，更是藏民族服饰的一部分。这说明民族文物的功能具有多重属性。因此，对于文物功能的划分，需要我们抓住主要的、基本的功能，这样才能做出客观的评价。

如何理解藏品原始功能丧失之后的其他功能呢？

首先，除了遗弃物以外，埋藏物、收藏物仍然保留着一定的原始功能，比如春秋战国时期墓葬出土的青铜剑有些还比较锋利，并非完全丧失原始功能。其次，从文物分类的用途看，功能分类一般适用于陈列和科研，质地分类适用于收藏和管理。藏品在丧失原始功能后通过陈列和科研又产生了新的功能。最后，民族文物丧失原始功能后具有见证民族历史、传承文化、识别民族等新功能，能够反映历史的、艺术的、科学的、民族的价值。

和其他文物一样，民族文物在原始功能丧失之后，同样也具有了一些延伸的功能，比如成为收藏品和纪念品。作为收藏品，民族文物可以起到教育族群成员的作用。作为纪念品，民族文物可以起到维系族群、加强族群内团结等作用。至于宗教仪式功能，这是民族文物与生俱来的功能。作为祭祀用品，这些民族文物在民族的精神宗教信仰中起到了关键的作用。比如藏族的唐卡、造像、经卷、印章以及经堂挂饰。这些物件最原始的功能就是宗教仪式功能，主要用于宗教祭祀场合，因此得以长时间的留传。

作为收藏品和纪念品的民族文物，需要我们考虑其之前的原始功能以及原始功能丧失之后的延伸功能。这些功能需要进行民族学、文物学等多学科解读，特别是作为遗弃物和埋藏物的民族文物，需要我们进行多学科的解读，将其功能尽可能发掘出来。

第二节　文化功能学派理论对民族文物征集工作的影响

1922年，英国人类学家马利诺夫斯基和拉德克利夫－布朗分别发表了实地调查专刊《西太平洋的探险队》和《安达曼岛人》。在这两部民族学著作中，马利诺夫斯基和拉德克利夫－布朗最早把功能主义思想贯彻在这两个领域的研究当中。正因为如此，这一年被认为是功能学派的创立之年。

功能学派认为，任何一种文化现象，不论是抽象的社会现象，如社会制度、思想意识、风俗习惯等，还是具体的物质现象，如手杖、工具、器皿等，都有满足人类实际生活需要的作用，即都具备一定的功能。它们中的每一个与其他现象都互相关联、互相作用，都是整体中不可分的一部分。[1]

功能学派认为，文化的产生是社会功能的需要，文化的本质在于维护社会规范，是一种价值和规范的工具。不同的文化功能，可以构成不同的文化格局，文化的意义取决于其在人类活动中所处的地位、关联的思想以及所有的价值。[2]

马林诺夫斯基从民族学、人类学的角度对澳大利亚土著家族组织进行了研究，探讨了原始社会如何进化和发展的机制。在他看来，任何物质都有其存在的理由，都将发挥着一定的功能。比如，原始文化中的宗教和巫术，是原始居民的心理和社会需要，原始的氏族和部落机构要适应原始居民生活实际。同时他认为，物质器具和社会思想只有在具有满足人类的生物需要和社会需要

---

[1] 李修建：论马林诺夫斯基的文化观及艺术理论，江南大学学报（人文社会科学版），2011年第04期。

[2] 郑杭生：社会学概论新修［M］，北京：人民大学出版社，2010年，第121页。

时，才能存留和传播。若失去这种功能，便会在历史上消失。①

基于这样的学术立场，以吴文藻先生为代表的社会人类学就主张使用文化功能学派结合我国具体情况进行调查研究。费孝通先生是马林诺夫斯基的嫡传弟子，曾在1936—1938年师事于马林诺夫斯基。但是，新中国成立初期，在我国，社会学、人类学和民族学不被重视。同时，又不顾国情地照抄照搬了当时苏联民族学的那一套理论，而没有着手建立我国自己的民族学、人类学学科理论体系。直到改革开放以后，马林诺夫斯基的文化功能理论才在我国产生影响。

不管怎么说，文化功能学派的理论对于我们现在了解和分析民族问题，仍起到积极的指导作用。少数民族在创造物质文化，制度文化以及精神文化的同时形成了自身独特的文化系统。在没有考虑少数民族文化系统独特性的情况下，我们曾采取相关政策和措施对少数民族进行了社会主义改造。通过改造虽然提高了少数民族的物质生活水平，但也给少数民族的文化传承带来了一定的冲击，对于民族文化遗产特别是非物质文化遗产需要动用更多的力量去保护。文化功能学派的理论对于我们进行民族社会历史调查与民族文物征集工作起到积极的推动作用。首先，我们对于器物的理解，不再仅仅当作物体本身，而是当做文化的产物。作为文化的产物，必须承担一定的功能，不仅仅具有使用价值，更具有文化的价值。根据这个理论，我们在进行民族社会历史调查的过程中，很注重收集这样的民族藏品，将文化作为民族藏品价值界定的标准。

其次，我们对于少数民族的文化，可以采取较为宽容的态度。过去，我们一直认为少数民族的生产生活方式太落后，所以

---

① （英）马林诺夫斯基著、费孝通等译：文化论［M］，北京：中国民间文艺出版社，1987年，第29页。

不太认同他们的模式，甚至还采取一些方式帮助这些民族进行提升。事实上，每个民族的生活方式都有其合理性，不能用我们现在的思维特别是汉族的思维来评价少数民族，更不能用先进的文化来评价落后的文化。因此，文化功能学派给我们提供了认识少数民族文化合理性的视角。

最后，我们对于少数民族社会历史的调查，可以从物质文化、制度文化、精神文化三个层面进行。过去，我们一直关注民族的物质文化，对于制度文化和精神文化为代表的非物质文化遗产不够重视。如今，随着文化遗产保护意识的增强，我们对于制度文化和精神文化层面的民族藏品更加重视，认识的改变很大程度上源于文化功能学派理论的影响。

第三节　民族博物馆藏品社会功用指标项字段及描述

在文物学研究中，器物功能一直是我们的研究重点和难点。但是，非常遗憾的是，现有规范当中藏品的功用指标集里并没有涉及民族藏品的功能。可以这么说，现有规范并没有对藏品的民族功能进行比较充分的重视，因此，在民族博物馆藏品信息指标体系中，我们认为，应该增加民族功能这一指标项。

一直以来，在少数民族的社会生活当中，很多器物起到维系村民、村落、族群的作用，因此在这些少数民族的社会当中具有不同的功能。比如，有些器物能够影响族群成员的民族认同，起到仪式功能的作用。比如，有些器物能够影响到族群成员的信仰，起到宗教功能、社会控制的作用。还有一些器物能够强化民族文化的传承和保护，起到教育族群成员的作用。

因为器物在少数民族的社会结构当中起到多重功能的作用，因此我们不能简单地对其进行划分。作为研究人员，我们要深入到这个民族当中，从这一民族的语境中来理解器物的用途，从这些民族的宗教信仰中理解器物的功能。这就需要我们的工作人员具备一定的民族学基础，我们的管理人员具备多学科的理论背景，我们的民族博物馆应该联合民族学、人类学方面的专家和学者共同攻关。只有这样，才能够将民族藏品的各种功能解读出来，才能将这些信息传递出去，才能在更大范围内达成共识，才能在同一学术平台上进行交流和共享。

因此，本书认为，在民族博物馆藏品信息指标体系中，一定要强调藏品维护民族团结、强化民族认同、传承民族文化的作用。维护民族团结、强化民族认同、传承民族文化，这些概念尽管听起来很抽象，但是真实地存在于民族地区，并且发挥着作用。如果我们懂得尊重少数民族的习俗，懂得用宽容的心态对待多样化的民族文化，那么，我们对于民族藏品的保护和传承将会具有更大的空间和视野。

就现有规范而言，我们可以在功用指标集下增加一个指标项，那就是民族功能指标项。也就是说，民族功能指标项隶属于功能指标集，是对功能指标集的有益补充。若进行具体分类，民族功能指标项可分为仪式信仰功能、教育传承功能以及社会控制功能。

民族藏品的仪式信仰功能主要指民族藏品在宗教仪式当中所起到的作用，比如民族祭祀使用的法器以及祭祀用品，这些藏品本身就具有仪式信仰的功能。而对于非法器和祭祀用品，同样也具有这样的功能，比如在民族祭祀仪式上所使用的乐器。这些乐器如果不做分析，也仅仅具有乐器的功能。但是经过我们的分析，我们发现这些乐器已经具有仪式信仰的功能。

民族藏品的教育传承功能主要指民族藏品在民族文化传承和教育方面所发挥的作用。在一些少数民族当中，有些器物本身并没有实际的功能，但是却在民族文化传承上发挥着重要的作用。比如一些少数民族村落闲置的空房，这些空房是未成年少女居住

第九章 民族博物馆藏品功能属性指标集的建立

的地方。她们在这里完成了成年礼,找到了心仪的对象。因此,这样的场所具有比较独特的功能。另外,一些器物表面上看是生活用品,但是却用于民族技艺传承。

社会控制功能主要指民族藏品能够起到维系族群、加强族群内团结等作用。在一些少数民族的村落里,一般都会有一些公共场所,逢重大节日,族群成员便在这些公共场所举行维系族群、加强族群内团结的活动。在这些活动过程中,族群成员所使用的器物被赋予了维系族群、加强群内团结的功能,比如傩戏中的面具,等等。

一般说来,民族藏品的民族功能是少数民族在使用过程中赋予藏品本身的,可以说是与生俱来的功能。即便我们不进行解读,这些功能也是客观存在的,不以我们的意志为转移。即便没有研究人员的介入,这些器物也会出现多种用途,发挥着不同的作用。一器多用的现象在落后的少数民族社会当中非常明显,可能甚至超出我们的想象。因此,我们对于器物功能的解读,也需要和本民族的长者进行交流,从而进行客观的反映。

当然,很多情况下,我们都是在民族藏品丧失原始功能、自然功能之后,才会去强化藏品的社会功能、民族功能,通过学者的解读加以强化和突出。一直以来,我们都是被动地接受这样的事实,而且我们发现,我们的解读并不符合这一民族的实际,并不符合这些藏品的实际。

为此,我们认为,我们可以更加超前一些,不一定要等到民族藏品失去了原始功能之后才去保护,而应该主动积极地参与到民族藏品的保护中来,延续这些藏品的原始寿命,让它们发挥出更大的功能。

第十章　民族博物馆藏品信息分类代码建构及描述

通过以上的讨论，遵照《博物馆藏品信息指标体系规范（试行）》和《博物馆藏品信息指标著录规范》对于藏品信息指标集、指标项的有关规定，我们可以制定适合民族博物馆的藏品信息指标集、指标项对应规范表以及信息分类代码表，并对指标的填写做出以下的说明和解释。

第一节　民族博物馆藏品信息分类代码表

《博物馆藏品信息指标著录规范》对于藏品信息分类代码表有三个，由于后面两个指标群变化不大，因此并没有对其进行调整。本章只对藏品信息指标群进行调整，增加民族属性指标集、经济文化类型指标集、社会发育程度指标集，另外对名称指标集、地域指标集、功用指标集进行一定的调整，分别增加了能够体现民族特色的指标项，比如，名称指标集增加了民族用语称谓指标项，地域指标集增加了民族地域表示方法指标项，功用指标集将功能指标项改成民族功能指标项。

为了和已经建成的全国藏品信息系统保持一致，名称指标集、地域指标集、功用指标集所做的修改遵照现有的指标结构的平排序，使用《规范》所制定的指标编码方法对这些增加或者修改的指标项进行局部的调整。也就是在名称指标集（序号A01）

下增加民族用语称谓，其对应指标设置为 A0103，地域指标集（A04）下增加民族地域表示方法，其对应指标设置为 A0403，功用指标集下增加民族功能指标项，其对应指标设置为 A0702。相对应的数据类型都是文本，长度分别为不限制、200、100。

为了将民族属性指标集、经济文化类型指标集、社会发育程度指标集纳入民族藏品信息指标集、指标项对应规范表中，同时又要保持这一规范表与《规范》所指定的信息分类代码表一致，现将备注（A20）更改为（A23），相应的，备注指标集下的备注指标项对应指标从 A2001 更改为 A2301。那么，民族属性指标集的序号变为 A20，经济文化类型指标集的序号为 A22，社会发育程度指标集的序号为 A22。

民族属性指标集（A20）有四个指标项：第一个是族属指标项，其对应指标设置为 A2001；第二个是年代指标项，其对应的指标设置为 A2002；第三个是旧称指标项，其对应的指标设置为 A2003，第四个是跨界民族指标项，对应的指标设置为 A2004。

经济文化类型指标集（A21）有三个指标项：第一个是采集渔猎经济文化类型组，其对应的指标设置为 A2101；第二个是畜牧经济文化类型组，其对应的指标设置为 A2102；第三个是农耕经济文化类型组，其对应的指标设置为 A2103。

社会发育程度指标集（A22）有七个指标项：第一个指标项是社会生产，其对应的指标设置为 A2201；第二个指标项是产权制度，其对应的指标设置为 A2202；第三个指标项是社会分配，其对应的指标设置为 A2203；第四个指标项是婚姻形态，其对应的指标设置为 A2204；第五个指标项是家庭形态，其对应的指标设置为 A2205；第六个指标项是族群权力，其对应的指标设置为 A2206；第七个指标项是社会控制，其对应的指标设置为 A2207。具体内容可参考附录1和附录2。

整体而言，我们所建立的民族博物馆藏品指标体系是对之前建立的藏品指标体系的补充，并非另立炉灶，更不是推翻重来。之所以进行这样的调整，既考虑到民族博物馆、民族文物的特征，同时又考虑到综合类以及其他类博物馆之间的交流和共享。

第二节　民族博物馆藏品信息指标描述和指标说明

遵照《规范》要求，我们还对民族博物馆藏品信息指标进行描述和说明。指标描述和指标说明对于博物馆工作人员的操作起到很好的规范作用。特别是对于博物馆新员工，这些描述和说明比较详尽，能够帮助工作人员进行比较规范的操作。

1. 在名称指标集下增加民族用语称谓的说明，其指标说明如下。

＊A0101 原名

现收藏单位藏品入藏登记账的名称。

＊A0102 名称

藏品的规范化名称。

文物藏品的名称含时期年代、作者产地、工艺技法、文饰题材、材料质地、器别形制等特征内容。

文物藏品定名规则参照《馆藏文物档案填写说明》（国家文物局1991年11月19日颁布）。自然标本定名参见相关学科国际命名法规。

A0103 民族用语称谓

民族藏品要有民族用语称谓，使用音译或意译均可。

2. 在地域指标集下增加民族地域表示方法的说明，其指标说明如下。

A0401 地域类型

分为：制造地、出土地、采集地、使用地

制造地是指此件器物的制造地点，如宜兴紫砂器应为江苏宜兴制造；

出土地是指此件器物是是在什么地方出土的；

采集地是指此件器物在什么地方采集的；

使用地是指此件器物当初的实际使用地，可以是小的具体地点如"咸阳""长安"等，也可以是大的地域范围如"秦国""巴蜀"等。

A0402 地域表示方式

分为（可添加）：

中国行政区划

中国古代国家与地方政权

中国历史地名，表示方式为朝代+地名，如：汉长安；

中国古窑址与窑系

中国革命根据地

世界各国和地区

A0403 民族地域表示方式

白族分为高山地区、平坝地区；布朗族分为布朗山区、平坝地区；布依族分为云南区、四川区；德昂族分为"德昂"区、"尼昂"区；侗族分为南侗区、北侗区；哈尼族分为哀牢山区、澜沧江区；回族分为东干族（境外回族）、东南回区、西北回区、西南回区、杂散居地区；拉祜族范围高山区、平坝区；傈僳族分为北傈僳、南傈僳；蒙古族分为东部蒙古、西部蒙古；羌族分为北羌区、南羌区；土家族分为北支土家区、南支土家区；维吾尔族分为北疆区、南疆区；锡伯族分为东三省区、新疆区；瑶族分为盘瑶、山子瑶、顶板瑶区、花篮瑶区、过山瑶区、白裤瑶区、红瑶区、蓝靛瑶区、八排瑶区、平地瑶区、坳瑶区；彝族分为大凉山区、小凉山区；藏族分为堆巴区、藏巴区、卫巴区、康巴区、安多洼区；壮族分为骆越区、西瓯区。

A0410 地域

示例：

中国行政区划：陕西省延安市（代码参见 GB2260-1995）

中国古代国家与地方政权：大理

世界各国和地区：日本京都（代码参见 GB2659-1994）

3. 在功用指标集下增加民族功用的说明，其指标说明如下。

A0701 功能类别

根据藏品在社会生活中的功能与用途划分。分为：生产工具、生活用品、艺术品、丧葬用品、宗教礼仪用品、武器、其他用品。

A0702 民族功能

仪式功能：影响成员的民族认同；宗教功能：影响民族成员的信仰；教育功能：强化民族文化的传承和保护。

A0710 功能

示例：

生产工具/农业工具/砍伐器

挖掘器

收割器

生活用品/饪食器

盛储器

汲水器

A0711 实际用途

藏品与特定事件或人物相关的用途。

物品原来的功能与其实际的用途并不总是完全一致的。对于某些文物藏品而言，体现其历史价值的往往是其实际用途，而不是原来的功能。如，"1964 年周恩来视察邢台地震灾区向群众讲话时登过的木箱"，原来的功能是"包装箱"，但它的实际用途是"讲台"。

4. 民族指标集有四个指标项，其指标说明如下：

A2001 族属

属于55个少数民族中的哪一个，可以细分其分支。

A2002 年代

主要指民族所处的确切年代，比如古代民族、近代民族、现代民族。

A2003 旧称

主要是这一民族过去的、历史上的称呼，与藏品所处年代一致。

A2004 跨界民族

是否跨界民族，是否是来自境外同一民族的藏品

5. 经济文化类型指标集有三个指标项，其指标说明如下：

A2101 采集渔猎经济文化类型组

以鄂伦春族为代表的山林狩猎型和以赫哲族为代表的河谷渔捞型。

A2102 畜牧经济文化类型组

以鄂温克族为代表的苔原畜牧型，以蒙古族为代表的戈壁草原游牧型，以哈萨克族为代表的盆地草原游牧型，以藏族为代表的高山草场畜牧型。

A2103 农耕经济文化类型组

山林刀耕火种型：有门巴族、珞巴族、独龙族、怒族、佤族、德昂族、景颇族、基诺族及部分傈僳族、苗族、瑶族、黎族、高山族等民族。山地耕牧型：有羌、纳西、彝、白、普米、拉祜等民族。山地耕猎型：苗、瑶、畲、仡佬、土家等民族。丘陵耕作型：有傣、壮、侗、布依、水、毛南、黎等民族。绿洲耕牧型：维吾尔、乌兹别克、塔塔尔、东乡、保安、撒拉等民族。平原集约农耕型：汉、回、维吾尔、蒙古等民族。

6. 社会发育程度指标集有七个指标项，其指标说明如下：

A2201 社会生产

经营制和雇佣制

A2202 产权制度

公有制和私有制

A2203 社会分配

供给制和分配制

A2204 婚姻形态

群婚制和偶婚制

A2205 家庭形态

大家庭和小家庭

A2206 族群权力

父权制和母权制

A2207 社会控制

法律规范和道德规范

以上是对民族博物馆藏品信息指标集、指标项所进行的指标描述和指标说明。具体内容详见附录。与藏品信息分类代码表配套，这些规范将指导工作人员进行民族博物馆藏品信息的管理工作。

第三节　其他指标集、指标项的补充

除了以上的调整以外，以下两个指标集、指标项也要进行考虑，并尝试纳入民族博物馆藏品信息指标体系中。但由于这些问题并非指标体系的重点，本书不做深入的探讨，仅仅做一些有益的尝试。首先就是藏品类别指标项，其次是影视资料指标项。

一、民族博物馆藏品类别的部类归类

从民族博物馆藏品的分类看，有着很多的分类标准：可以按

第十章 民族博物馆藏品信息分类代码建构及描述

照民族进行分类,也可以按照功能进行分类,更可以按照质地进行分类。一般说来,我国民族藏品形成两种分类办法,第一个分类办法是先质地分类,再按民族、功用细分,另外一个分类办法是先民族分类,再按功能细分。前一种分类办法主要是考虑到博物馆保管的需要,按照质地进行分类,可以充分地利用博物馆的库存对藏品进行有效的保存和利用。而后一种分类办法主要是突出藏品的民族属性,先对藏品的族属进行划分,然后再对藏品在这一民族发挥的功能进行细分。

这几种藏品分类方法各有优缺点,各有各的用途和功效。质地分类法,主要是从保管的角度出发,因为不同的质地需要有不同的保管环境。特别是一些有机物,很容易在空气和湿度下发生变质。对于丝绸、布类以及纸张类藏品,如果不能和陶瓷器、金属器分开收藏,势必会造成很大的麻烦和困境。民族分类法,主要是从研究和展示的角度进行的分类,同一个族属的藏品放在一起展示,能够完整地反映这一民族的生活状态和生产状态,能够全面地展示这一民族不同于其他民族的特性。比如,从生产场景到生活场景的过渡,很容易让观众接受并产生深刻的印象。

无论是先质地后民族,还是先民族后质地,以上这些分类方法对我们认识藏品的属性都起到了积极的推动作用。在我们看来,藏品分类本身就是博物馆研究、藏品管理研究乃至文物学研究的重点和难点。特别是对于民族博物馆而言,选择一种适合自己藏品现状的分类方法,可能将会极大地提升藏品管理水平,进而实现数字化博物馆建设的目标。

对于综合类博物馆而言,由于民族藏品不多,是否有必要按藏品的民族属性进行划分,值得探讨。首先,我们需要讨论,这样的分类意义何在?是突出民族藏品的民族性,还是通过民族的认定来发挥这些藏品的民族认同功能?笔者认为,如果民族文物的数量较少,而且对这些民族文物的族属有了比较肯定的认知后，那就以按照先质地分类，再按民族、功用细分。比如，复旦大学博物馆对于高山族文物的管理，从保管、展览的角度出发，主要还是从功用、质地两个角度进行分类。作为单一民族类的民族博物馆、民族展览，应该从这个民族的社会发展、社会生产、社会生活、宗教信仰等角度对藏品进行分类和展示，从而让更多的观众了解。

对于少数民族较多的地区，由于藏品的民族属性较为复杂，而且这些藏品是这一地区民族文化交流的结果，那么，我们先从民族属性出发来进行分类，是非常有必要的，而且也可以科学地认识这些地区的民族交流。对于藏品类别进行部类归类，可以帮助我们进行更加深入的研究。

总之，藏品分类的目的是帮助我们认识藏品的自然属性、社会属性和精神属性，因此，我们不能为了分类而分类。如果一种简单的分类方法有助于我们认识民族、认识文物，那么，这样的分类是适宜的，但不一定是科学的。我们只有在规范的指导下，对民族文物的分类才可能实现标准、规范，从而为将来民族藏品信息的一体化做出贡献。

二、影视人类学影像资料的部类归属

影像资料在过去一段时间里起到记录少数民族社会生活的作用。随着社会生活节奏的加快，传统社会受到了冲击，越来越多的民族文化遗产开始消失，特别是维系民族地区传统社会生活、起到文化传承作用的非物质文化遗产。因此，一些有识之士有意识地拿起来摄影摄像设备来记录少数民族的各种传统活动。当这些民族活动销声匿迹后，这些影像资料成为民族博物馆收藏非物质文化遗产的对象。这些影像资料，可以起到强化民族记忆的作用。特别是随着很多民族的特征逐渐消亡后，这些影像资料便成为我们认识这些民族的标本。因此，民族博物馆应该有意识地收集这些影像资料,并对其进行归档。

  影视人类学是通过影像和影视手段展现人类、部落、族群的现状和问题,进而探讨人类学原理和规律的学科。与其他以文本资料为主的人类学不同,影像人类学以视频材料为主,可以更加鲜活地展示人类即将逝去的生活方式和生活状态,因此受到民族学、人类学甚至文化遗产学的欢迎。现在很多民族博物馆的工作人员也懂得并善于使用影像设备对少数民族的活动特别是非遗活动进行记录,并形成了大量的影视人类学的资料。对于这些资料,我们要进行分类和整合,并设置一个指标项来涵盖这一内容。比如,对于一些民族藏品的制作过程,我们可以通过影像的方式展现,作为这一民族藏品的补充,同时也作为对这一民族藏品的解读信息。

第十一章　民族博物馆藏品信息指标体系构建的实际意义

民族博物馆藏品信息指标体系为我们了解民族藏品的信息、规范民族藏品的管理、指导民族博物馆的运营都起到了积极的作用，特别对于民族博物馆信息化建设、民族博物馆发挥职能、民族地区文化遗产保护等方面都起到关键的作用。

第一节　藏品信息标准化与民族文物的保护和传承

民族传统文化的价值需要用历史的视角和传统的理念来看待和解读，而民族文化的保护则需要借用现代的前沿理论和先进科技来解决。民族博物馆以藏品为载体，承担着民族物质文化和精神文化的收藏、保护与展示的职能，而民族博物馆的藏品信息管理是民族传统文化记录与传承的核心工作。做好民族博物馆藏品信息管理工作，不能停留在传统的博物馆认识和个馆的经验做法，有必要借用分类学等多学科的科学思维和现代信息科学的技术手段，建立和民族学相匹配的、统一的民族博物馆藏品信息指标体系，有效发挥民族博物馆的职能和管理水平。

指标体系，说到底就是希望博物馆相关人员在对藏品信息进行解读、分类、管理、传播、利用和开发过程中有规可依，做到规范化、标准化、可测量、可评价。和经济指标不同，民族藏品信息指标只能做到规范化和标准化，无法进行测量，比如无法测

第十一章 民族博物馆藏品信息指标体系构建的实际意义

量指标的高低、百分比等。经济指标体系用途较广，而民族藏品信息指标体系相对而言比较局限。

藏品信息指标体系可以使不同民族博物馆之间实现信息交流。作为所有民族博物馆遵循的规范，只要得到推广和普及，都可以实现馆际之间的交流。交流的前提是规范的语言和规范的信息解读。如果不能进行规范的信息解读，那么就很难建立规范的指标体系。民族藏品属性研究，对于我们认识民族藏品的信息起到关键的作用。

本课题从藏品的民族属性、经济属性、社会属性、名称属性、地域属性、功能属性等角度出发，总结并提炼这些属性延伸出来的各项指标，从而构建民族藏品信息交换的路径和平台。信息交换路径和平台的建设，实际上就是通过规范化的指标，构建能够共享的藏品信息数据库，从而实现藏品信息的传播。建立在指标体系上的信息交换平台，可以实现不同类型的博物馆藏品信息的共享。

在信息传播过程中，我们还要考虑语言的统一化问题。无论是藏品的命名，还是信息的搜索，都要考虑语言的统一化问题。以现有的网络搜索技术看，关键词的设定可以起到优化的作用，能够让用户在众多网络信息迅速搜索到需要的内容。同样，在藏品数据库中，我们也是通过关键词进行数据的搜索和调取的。因此，我们要对数据库的语言进行统一化的处理。在突出、尊重民族语言的同时，也要实现所有藏品语言的统一化。对于语言的研究，我们尽量做到统一，尽量按照网络关键词搜索的方式进行设置，这样能够高效便捷地进行搜索，对藏品的信息进行排列组合。

随着文化遗产意识的增强，民族博物馆藏品信息指标体系也将在民族文化遗产的保护和传承中发挥作用。民族文化遗产的保护和传承成为民族学研究的重要课题，在当前全球化的趋势下显得非常迫切。无论是物质文化遗产还是非物质文化遗产的保护和传承，一直是学学界和业界关注的问题。尽管非物质遗产和文物藏品有所区别，但是对于非物质文化遗产的信息解读、保护、利用和传播，同样需要相应的规范和指标。本课题的研究成果已经意识到非物质文化遗产不同于文化遗产的特点，并考虑到非物质文化遗产在民族文化传承、信息知识传播方面的功能。如果民族博物馆将非物质文化遗产纳入收藏保护体系中来，那么，民族博物馆藏品信息指标体系也要满足非物质文化遗产信息解读、保护、利用和传播的需要。

第二节　实践与反思

为了让这一指标体系更具有操作性、实战性，我们选择了几所民族博物馆和中国文物信息咨询中心（国家文物局《博物馆藏品信息指标著录规范》制定单位）征求使用意见，并将这一藏品的信息指标体系的指标集、指标项以及指标解释和指标说明一同告知相关人员。同时，本书也征求了相关民族学专家的意见，并将研究成果请相关专家审阅。

一、成果理论探讨和实践应用

经过沟通和交流，民族博物馆的业内人员认为，民族博物馆藏品信息指标体系吸收了民族博物馆、民族文物研究的最新成果，解决了民族藏品的分类、管理以及文物价值的阐述、认定等问题。他们认为，运用这一指标体系的方法，可以对民族藏品信息指标进行提炼、概括和构建，从而搭建藏品信息传播的交换平台，为数字民族博物馆建设以及以社会共享为目标的博物馆事业改革奠定良好的基础。中国文物信息咨询中心已将该研究作为《博物馆综合管理信息系统》开发项目吸纳，作为民族类博物馆

第十一章 民族博物馆藏品信息指标体系构建的实际意义

藏品信息系统开发的重要技术指标。

由于本书对55个少数民族的起源、发展、特征等问题进行了较为充分的讨论，吸收了最新的民族学成果，因此，这些民族知识对于非民族学专业出身的博物馆工作人员也是一种普及，可以让工作人员提高民族学的素养以及拓宽人类学的视野，从而更好地理解和掌握民族文物的价值，特别是增强保护民族文化遗产的自觉性。同时，本书对于藏品民族属性、经济属性、社会属性的讨论，也让民族博物馆的工作人员对于藏品的文物价值有了更深入的理解。和过去相比，这样的藏品信息指标体系涵盖的信息更大，更符合民族藏品、民族博物馆的实际。因此，这样的研究成果能有效地指导工作人员进行民族文物保护以及民族文物的征集工作。

最后，本书依照《规范》对藏品的功能属性、民族属性以及地域属性的讨论，既尊重现状考虑到了社会共享以及数字博物馆建设的实际，又能够增加民族藏品的信息，将个性化的民族藏品和民族博物馆纳入体系当中，因此具有很强的指导性，对于博物馆工作人员进行藏品入库、编目、总账登记、出入库管理等都起到了很好的规范作用。

总之，民族博物馆藏品信息指标体系研究课题，不仅能够在操作层面上指导着博物馆的具体管理实践，还能够在认识层面上帮助工作人员收集整理藏品信息，受到了博物馆业内人士的认可。在理论层面上，本书立足于一直以来较为薄弱的民族文物、民族博物馆等问题，站在大数据时代、博物馆信息化、数字博物馆建设的高度，抓住民族文物最核心的问题——藏品信息，多方面、多角度地对这一研究领域进行了深入的探讨。

二、研究不足与反思

本书所从事的研究，涉及过去较为薄弱的研究领域：民族博物馆、民族文物信息等。无论是民族文物，还是藏品信息，都是值得深入探讨的课题，两个领域的交叉研究更是如此。比如，民族文物的源流关系、民族文物所体现的民族交流、民族文物所涵盖的民族文化因素，等等，这些问题都是民族文物研究的重点和难点。

本书针对民族文物较为复杂的现状，吸收了民族学、民俗学、文物学、人类学的研究成果，将藏品信息管理作为民族博物馆研究的重点，从藏品信息的收集、分类、解读和传播角度出发，探讨民族藏品的民族属性、经济属性、社会属性、名称属性、地域属性、功能属性，从而建立适应不同少数民族藏品不同特征的藏品信息指标体系。

本书研究的愿景，是希望通过将民族学基础理论的梳理与民族博物馆的实践研究相结合，建立一套符合民族博物馆特色需求的藏品信息指标体系，从而解决民族博物馆长期存在的问题。但由于研究者能力及学识所限，关于民族学理论及民族博物馆藏品信息研究领域的探讨还是不够深入，而且有着比较明显的短期目标性。正因为如此，研究过程显得比较仓促，讨论不够深入，由于这些主观的局限性，民族博物馆藏品信息指标体系构建的课题依然存在许多问题和缺陷。

首先，我们对于民族博物馆的文物藏品了解不多，特别是一些地市级的民族文物、民族藏品的信息了解不多，因此，相关理论观点讨论不够彻底，没有针对性。能否通过推广和普及这一指标体系，为我们的研究提供更多基层民族博物馆的藏品数据，这是本书研究结束后需要考虑的问题。

其次，民族藏品指标体系并没有很好地转换成为可以进行搜索、共享的藏品元数据，民族藏品数据库的建设需要大量的基础工作，需要民族博物馆按照以上指标体系进行藏品的信息整理。就目前而言，民族藏品元数据库的建设，需要很长的时间，更需

第十一章 民族博物馆藏品信息指标体系构建的实际意义

要各级民族博物馆之间的协同。

最后,对于藏品信息的提取,需要有更多民族学、文物学甚至人类学方面的专家进行更加深入的研究。我们对于民族藏品研究的深入程度,将决定着我们获取藏品信息的数量和质量。就本课题而言,也仅仅是研究的开始,只起到抛砖引玉作用而已,希望更多学科的介入民族藏品信息的研究当中,在后续的研究中弥补当前研究的不足。

附录1 民族博物馆藏品信息分类代码表

序号	项目	对应指标	录入方式	长度	数据类型
A01 名称	原名	*A0101	填写	不限制	文本
	名称	*A0102	填写	不限制	文本
	民族用语称谓	A0103	填写	不限制	文本
A02 类别	藏品基本部类	A0201	选择	10	文本
	文物类别	*A0211	选择	50	文本
	标本类别	A0212	选择	50	文本
	模型类别	A0213	选择	50	文本
	复制品类别	A0214	选择	50	文本
A03 年代	年代类型	A0301	选择	100	文本
	年代表示方式	A0302	选择	100	文本
	年代	*A0310	填写	50	文本
A04 地域	地域类型	A0401	选择	100	文本
	地域表示方式	A0402	选择	100	文本
	民族地域表示方法	A0403	填写	200	文本
	地域	*A0410	填写	200	文本

附录1 民族博物馆藏品信息分类代码表

续表

序号	项目	对应指标	录入方式	长度	数据类型
A05 人文	人文类型	A0501	选择	50	文本
	人文表示方式	A0502	选择	50	文本
	人文	A0510	填写	50	文本
	人物传略	A0540	填写	1000	文本
A06 质地	质地类别	*A0601	选择	50	文本
	质地子类别	A0602	选择	100	文本
	质地	A0610	填写	100	文本
A07 功用	功能类别	A0701	选择	30	文本
	民族功能	A0702	填写	100	文本
	功能	A0710	填写	100	文本
	实际用途	A0711	填写	50	文本
A08 工艺技法	成型工艺	A0801	填写	100	文本
	流派类型	A0810	填写	50	文本
	流派	A0811	填写	50	文本
	绘画技法	A0812	填写	50	文本
	装饰生成工艺	A0821	填写	30	文本
	文字生成工艺	A0822	填写	30	文本
A09 形态	物态类别	A0901	选择	50	文本
	形态特征	A0911	填写	1000	文本
	独特标记	A0912	填写	100	文本
A10 完残	完残程度	*A1001	选择	20	文本
	完残状况	A1011	填写	100	文本

续表

序号	项目	对应指标	录入方式	长度	数据类型
A11 光泽	颜色类别	A1101	选择	50	文本
	颜色	A1110	填写	50	文本
	光泽类别	A1102	填写	50	文本
	光泽	A1120	填写	100	文本
A12 装饰	装饰形式类别	A1201	填写	50	文本
	装饰题材类别	A1202	填写	50	文本
	装饰组合方式	A1203	选择	50	文本
	施饰部位	A1204	填写	50	文本
A13 题识内容	铭文	A1301	填写	1000	文本
	款识	A1302	填写	200	文本
	题跋	A1303	填写	300	文本
	题名	A1304	填写	300	文本
	印鉴	A1305	填写	300	文本
	内容提要	A1306	填写	1000	文本
A14 文字	文字种类	A1401	填写	50	文本
	字体类别	A1402	填写	50	文本
	字体	A1410	填写	50	文本
	字迹颜色	A1403	填写	50	文本
A15 自然特征	化石类别	A1501	选择	50	文本
	化石	A1510	填写	50	文本
	模式类别	A1502	填写	50	文本
	发育阶段	A1503	填写	50	文本
	性别	A1504	填写	50	文本

附录1 民族博物馆藏品信息分类代码表

续表

序号	项目	对应指标	录入方式	长度	数据类型
A16 计量	尺寸单位	＊A1612	选择	20	文本
	尺寸	＊A1611	填写	50	文本
	容积单位	A1622	选择	20	文本
	容积	A1621	填写	50	数据
	质量单位	＊A1632	选择	50	文本
	质量	＊A1631	填写	50	数据
A17 计数	实际数量	＊A1701	填写	50	数据
	实际数量单位	＊A1702	填写	20	文本
	传统数量	＊A1711	填写	50	数据
	传统数量单位	＊A1712	填写	20	文本
A18 附件	附件名称	A1801	填写	50	文本
	附件现状	A1821	填写	200	文本
	附件数量单位	A1832	填写	50	文本
	附件数量	A1831	填写	50	数据
A19 附属物	附属物名称	A1901	填写	50	文本
	附属物现状	A1921	填写	200	文本
	附属物数量单位	A1932	填写	50	文本
	附属物数量	A1931	填写	50	数据
A20 民族属性	族属	A2001	填写	100	文本
	年代	A2002	选择	100	文本
	旧称	A2003	选择	100	文本
	跨界民族	A2004	选择	50	文本

187

续表

序号	项目	对应指标	录入方式	长度	数据类型
A21 经济文化类型	采集渔猎经济文化类型组	A2101	选择	100	文本
	畜牧经济文化类型组	A2102	选择	100	文本
	农耕经济文化类型组	A2103	选择	100	文本
A22 社会发育程度	社会生产	A2201	填写	100	文本
	产权制度	A2202	填写	100	文本
	社会分配	A2203	填写	100	文本
	婚姻形态	A2204	填写	100	文本
	家庭形态	A2205	填写	100	文本
	族群权力	A2206	填写	100	文本
	社会控制	A2207	填写	100	文本
A23 备注	备注	A2301	填写	1000	文本

附录2　民族博物馆藏品信息指标体系指标项的说明

* **A0101 原名**

现收藏单位藏品入藏登记账的名称。

* **A0102 名称**

藏品的规范化名称。

文物藏品的名称含时期年代、作者产地、工艺技法、文饰题材、材料质地、器别形制等特征内容。

文物藏品定名规则参照《馆藏文物档案填写说明》（国家文物局1991年11月19日颁布）。自然标本定名参见相关学科国际命名法规。

A0103 民族用语称谓

民族藏品要有民族用语称谓，使用音译或意译均可。

A0201 藏品基本部类

分为：文物/标本/模型/复制品/其他。

* **A0211 文物类别**

参照国家文物局编印的《博物馆藏品保管手册》分类。

A0212 标本类别

分为：岩矿标本、古生物标本、植物标本、动物标本、人体标本、其他标本。

岩矿标本、古生物标本分类与代码参见 GB 9649－1988、GB9649.9－1998；植物标本分类与代码参见 GB/T 14467－

1993：动物（脊椎动物）标本分类与代码参见 G—B/T15628.1—1995。

A0213 模型类别

分为：文物模型/自然标本模型/其他模型。

A0214 复制品类别

分为：文物复制品/自然标本复制品。

A0301 年代类型

包括：制造年代、使用年代、形成年代、生存年代。

制造年代：一般为藏品的最初制作年代。

使用年代：一般为文物及其模型藏品的实际使用年代。

形成年代：一般为岩矿标本的最后形成年代。

生存年代：一般为古生物、植物、动物类标本的存活年代。

A0302 年代表示方式

分为（可添加）：

公历纪年	地质年代	中国考古学年代
中国历史学年代	帝王纪年	农民起义军政权年代
中国少数民族纪年	外国纪年	历史事件时期
常规碳 14 年代	AMS 碳 14 年代	地磁年代
热释光年代		

＊A0310 年代

示例：公历纪年：1921 年 7 月 23 日

地质年代：早更新世

中国考古学年代：新石器

中国历史学年代：清代

帝王纪年：清乾隆六十年

中国少数民族纪年：

外国纪年

历史事件时期：抗日战争时期

碳 14 年代：1600BC

A0401 地域类型

分为：制造地、出土地、采集地、使用地。

制造地是指此件器物的制造地点，如宜兴紫砂器应为江苏宜兴制造；出土地是指此件器物是在什么地方出土的；采集地是指此件器物在什么地方采集的；使用地是指此件器物当初的实际使用地，可以是小的具体地点如"咸阳""长安"等，也可以是大的地域范围如"秦国""巴蜀"等。

A0402 地域表示方式

分为（可添加）：

中国行政区划

中国古代国家与地方政权

中国历史地名，表示方式为朝代+地名，如：汉长安

中国古窑址与窑系

中国革命根据地

世界各国和地区

A0403 民族地域表示方式

白族分为高山地区、平坝地区；布朗族分为布朗山区、平坝地区；布依族分为云南区、四川区；德昂族分为"德昂"区、"尼昂"区；侗族分为南侗区、北侗区；哈尼族分为哀牢山区、澜沧江区；回族分为东南回区、西北回区；拉祜族范围高山区、平坝区；傈僳族分为北傈僳、南傈僳；蒙古族分为东部蒙古、西部蒙古；羌族分为北羌区、南羌区；土家族分为北支土家区、南支土家区；维吾尔族分为北疆区、南疆区；锡伯族分为东三省区、新疆区；瑶族分为盘瑶区、山子瑶区、顶板瑶区、花篮瑶区、过山瑶区、白裤瑶区、红瑶区、蓝靛瑶区、八排瑶区、平地瑶区、坳瑶区；彝族分为大凉山区、小凉山区；藏族分为堆巴区、藏巴区、卫巴区、康巴区、安多洼区；壮族分为骆越区、西

191

瓯区。

　　* **A0410 地域**

　　示例：

　　中国行政区划：西藏自治区拉萨市（代码参见 GB2260－1995）

　　中国古代国家与地方政权：吐谷浑

　　世界各国和地区：日本京都（代码参见 GB2659－1994）

A0501 人文类型

　　表明藏品的人文概念与藏品的关系，分为制造者、仿制者、使用者、属有者。

A0502 人文表示方式

　　分为（可添加）：

　　中国考古学文化

　　中国民族

　　中国机构团体组织

　　中外宗教

　　中外个人

A0510 人文

　　示例：

　　中国考古学文化：大汶口文化

　　中国民族：苗族（代码参见 GB 3304－1991）

　　中国机构团体组织：天津市军事管制委员会

　　中外宗教：道教

　　中外个人：范宽、白求恩

A0540 人物传略

　　主要包括姓名、字、号、别名、室名、国别、民族、籍贯、性别、生卒年月、主要经历、事迹，或专长、代表性作品等。

*A0601 质地类别

质地类别包括：无机质、有机质、复合类、组合类四大类。
10 无机质　20 有机质　30 复合类　40 组合类

A0602 质地子类别

每一大类再分为若干小类，每一小类包含若干具体种类名称。

示例：
1. 无机质类
   非金属材料
   金属材料
2. 有机质类
   植物质材料
   动物质材料
3. 复合材料类
   搪瓷
4. 组合类
   青铜+铁

A0610 质地

如，"错金银铜带钩"的主体成分为青铜，其质地为：金属材料/有色金属/青铜。"木柄榔头"由铁质的头和木质的柄两部分构成，其质地为：组合类/无机质+有机质/铸铁、柞木。"电子管收音机"由不同材料的零件构成，其质地相对复杂，只能笼统著录为：组合材料。

示例：非金属材料：
岩石/花岗岩
页岩

A0701 功能类别

根据藏品在社会生活中的功能与用途划分。分为：生产工具、生活用品、艺术品、丧葬用品、宗教礼仪用品、武器、其他用品。

A0702 民族功能

仪式功能：影响成员的民族认同；宗教功能：影响民族成员的信仰；教育功能：强化民族文化的传承和保护。

A0710 功能

示例：

生产工具/农业工具/砍伐器

挖掘器

收割器

生活用品/饪食器

盛储器

汲水器

A0711 实际用途

藏品与特定事件或人物相关的用途。

物品原来的功能与其实际的用途并不总是完全一致的。对于某些文物藏品而言，体现其历史价值的往往是其实际用途，而不是原来的功能。如，"1964年周恩来视察邢台地震灾区向群众讲话时登过的木箱"，原来的功能是"包装箱"，但它的实际用途是"讲台"。

A0801 成型工艺

文物藏品的整体生成工艺和自然标本藏品的制法。

示例：文物藏品：打制

轮制

编结

装裱

自然标本藏品：剥制

浸制

干制

A0810 流派类型

分为（可添加）：

绘画类

篆刻类

工艺品类
A0811 流派
（可添加）：
绘画类：岭南画派
扬州画派
篆刻类：浙派
皖派
工艺品类：苏绣
蜀绣
A0812 绘画技法
（可添加）
水墨/白描
泼墨
设色/青绿
浅绛
A0821 装饰生成工艺
文物藏品的纹饰或图饰的生成工艺。
示例：透雕
线雕
描金
A0822 文字生成工艺
文物藏品的文字的生成工艺。
示例：镌刻
手写
印刷
A0901 物态类别
分为：固态、液态、气态，复合态。
如，"安阳商墓出土装有酒的铜卣"，铜卣与酒是同一件文物藏品的不同组成部分，铜卣是固态，酒是液态，但就这件文物藏品整体而言，其物态类别应为复合态。

A0911 形态特征

藏品的整体形态特征的描述。

藏品描述的基本原则：

1. 描述时要遵循先上后下、先左后右、先内后外的顺序，对比较复杂的图案，要表达得层次分明，主体突出。
2. 描述用语客观，力求准确，简明规范。
3. 应使用文物、考古学对器物描述的基本术语。
4. 揭示藏品的内涵，指出它的科学和艺术价值。

A0912 独特标记

藏品最具识别意义的局部细节特征，以区别同类藏品的不同个体。例如，三件形制纹饰相同的"清乾隆青花鱼藻纹瓷盘"，其中一件口部有一长1.5厘米的裂纹，一件圈足部有一磕伤痕，根据局部细节特征可以将这三件瓷盘区分开来。

*A1001 完残程度

入藏时单件藏品的完残程度和成套藏品的完缺程度的类别，可分为：完、残、缺、失四大类。

10 完　20 残　30 缺　40 失

A1011 完残状况

入藏时单件藏品完残状况和成套藏品完缺状，其具体描述，应以规范的语言说明单件藏品的伤残部位与情况以及成套藏品的失群情况。参见《博物馆藏品保管工作手册》第二节第二小节推荐用语。

示例：

完/基本完整。

残/一般残；口裂，裂纹长0.6厘米。

缺/局部缺：缺一前足（不可分离的整体部分的缺失）。

失/失部件；失盖（组件的丢失）。

失/失群：原为4条通景屏，现存第2、3条。

A1101 颜色类别

藏品的颜色类别，一般指藏品的主要颜色。为：单色、多色。

A1110 颜色

示例：单色/蓝；祭蓝

多色/外黑内红，多色彩

A1102 光泽类别

一般指藏品表面光泽的类别。光泽分类可借鉴自然科学的分类法。

金属光泽 / 非金属光泽

A1120 光泽

示例：非金属光泽/油脂光泽；光洁润泽

非金属光泽/土状光泽；暗无光泽

A1201 装饰形式类别

与文物藏品定名相关的装饰形式类别，分为：纹饰、图饰、装饰性文字。

如，"明正德景德镇窑青花折枝花卉纹瓷盘"中的"花卉纹"属纹饰类；"清乾隆景德镇窑粉彩八仙图瓷瓶"中的"八仙图"属图饰类；"清雍正景德镇窑青花梵文瓷碗"中的"梵文"属装饰性文字类。

图饰特征不明确者归纹饰类。

A1202 装饰题材类别

可分为（可添加）：

1. 纹饰类：自然物纹、植物纹、动物纹、人物纹、什物纹、几何纹、字符纹等大类。

2. 图饰类：花鸟、山水、人物、器物、画诗等大类。

3. 文字装饰类依文字种类划分。

示例：植物纹/莲花纹

什物纹/绳纹

几何纹/菱格纹

中国少数民族文字/满文、蒙文、藏文、契月文

外国文字/英文、俄文、梵文

A1203 装饰组合方式

分为（可填加）：

传统组合方式。

图案组合方式。

示例：传统组合方式/团枝

折枝

缠枝……

图案组合方式/单独纹样

散点图案

连续图案

平面构成

传统组合方式既可以用于藏品定名（如前例"明正德景德镇窑青花折枝花卉纹瓷盘"的"折枝"），又可以用于藏品描述；图案组合方式往往仅用于藏品描述。

A1204 施饰部位

纹饰或图饰施在文物藏品的具体部位的名称。如，颈部、腹部、耳部、足部、器内、通体等。

A1301 铭文

文物藏品的铭文的原文或其释文、译文。汉语古文字铭文一般录其释文，中国少数民族文字铭文和外国文字铭文一般录其译文。

附录2　民族博物馆藏品信息指标体系指标项的说明

A1302 款识

文物藏品的款识的原文或其释文、译文。汉语古文字款识一般录其释文，中国少数民族文字款识和外国文字款识一般录其译文。

A1303 题跋

文物藏品的题跋相关信息。包括题跋类别、作者姓名、字数、题写位置等。题跋类别分为题首、跋尾、题鉴、观款，自题和旁题等不同分法。字数指每一种题跋的总字数。

A1304 题名

是指被题写于文物藏品之上的有关文物藏品内容的标题或标记符号，有的为原有题名，有的为后代添加的题名，有的是博物馆入藏以后新标的题名，凡此均为藏品题名。

A1305 印鉴

文物藏品的印蜕（印章钤印的痕迹）的相关信息。包括印鉴类别、印文形式、印文字体、印文内容、钤印位置等。印鉴类别分为作者印、鉴藏印、闲文章等。印文形式分为朱文、白文、朱白相间文等。

A1306 内容提要

文物藏品的文字内容的提要。一般为文献类藏品的内容提要。篇幅较长的铭文、题跋也可以提要形式录入此处。内容提要应简明扼要、准确、规范，尤其是与藏品定名相关的内容提要，更应简洁、确切。如，文献藏品"清末天津采访局为张氏守节事采访邻里亲族甘结"，定名中的"为张氏守节事采访邻里亲族"，就是这件藏品的内容提要。

如果器形或底本为真，而其上的装饰和题识即铭文、款识、题跋、题名、印鉴等，也应录入，并注明"伪铭""伪款"等。

A1401 文字种类

文物藏品的文字按语种划分的种类。

示例：汉字

中国少数民族文字/满文

蒙文

契丹文

外国文字/梵文

阿拉伯文

英文

A1402 字体类别

文物藏品的文字按形体划分的类别。书写体、手写印刷体、印刷体、其他

书写体/中文/篆书

隶书

楷书……

西文/圆体

意大利体奔式

意大利体楷式

手写印刷体

印刷体

其他

A1410 字体

示例：

中文/篆书

西文/圆体

A1403 字迹颜色

文物藏品的文字的字迹颜色。应先确定颜色的类别，再描述颜色的具体情况。

示例：单色/蓝；褪成浅蓝色。

多色/黑、红；黑色字，红色句识。

A1501 化石类别

化石包括植物化石、动物化石、古人类化石三大类。

A1510 化石

动物化石和古人类化石根据不同成因或不同成分，分为遗体化石（如猛犸象骨骼化石）、遗物化石（如最后鬣狗粪便化石）、遗迹化石（如恐龙足迹化石）。

A1502 模式类别

动植物模式标本的类别。动植物新种的原始记录和定名所依据的标本称为模式标本。模式标本的分类与代码参见 GB 9649-88。

A1503 发育阶段

生物标本个体的发育阶段。如，昆虫标本的幼虫、成虫；人体标本的孕儿、胎儿、幼儿等。

A1504 性别

生物标本个体的性别。即生物标本个体的基本生理特征。例如，动植物的雄性、雌性、两性、性别不明、无性别。人的性别为男性、女性、两性、改性。参见 GB 2261-1991。

＊A1612 尺寸单位

藏品相关部位的尺寸的计量单位。基本单位为：毫米。

其他单位为：厘米、米。

＊A1611 尺寸

藏品的测量部位名称及其具体尺寸的测量方法。不同形状藏品的测量部位不同，各种形状藏品的测量部位名称及其具体尺寸的测量方法。

（1）平面型按顺序填写长、宽；圆形填写直径。

（2）立体型按顺序填写长、宽、高；圆面填写自外沿量起的直径。

（3）复杂形体按照陈列状态测量最大长、宽、高。

A1622 容积单位

藏品所容纳的体积的计量单位。基本单位为：毫升。

其他单位为：升。

A1621 容积

藏品所容纳的体积。需要量度容积的藏品一般为量器或容器。有不少量器或容器自身已有容积标记，入藏登记时应增录实测结果。

* **A1632 质量单位**

藏品质量的计量单位。基本单位为：克。

其他单位：千克。

* **A1631 质量**

藏品物体大小的物理量，即常说的"重量"。对同号多个体的文物应填写各个个体质量的总和。馆藏文物的质量一律不包括附件的质量。

采集对象：

（1）衡器。

（2）器物上有计量单位铭文：如某件器物上有"重几斤几分"者，必须要采集其质量的实测数据。

（3）贵物品，如金银、宝石等。

（4）大型器物，如"司母戊"鼎、四羊方尊等。

* **A1701 实际数量**

具有保管意义，在物理上具有独立性的个体或不可拆分的最小个体的数量。必须填写为半角阿拉伯数字，其后不能跟计量单位。计量单位只填写在 A1702 指标项中。

残次品为修复后的实际个体数。同一性质、用一来源，而且同一入藏时间的散碎品，如粮食、药材、液体等，则均按一件计算；如有原始分装容器的，则按分装的容器数计算。

示例：一串宝珠（50）粒，实际数量：50 粒。

一双鞋（2）只，实际数量：2只。

＊A1702 实际数量单位

实际数量的计量单位。如：个、件、枚、幅等。

＊A1711 传统数量

具有统计意义，在功能与内容上具有相关性的独立个体集合，或独立个体的数量。必须填写为半角阿拉伯数字，其后不能跟计量单位。计量单位只填写在A1712指标项中。

示例：一串宝珠（50）粒，传统数量：一串。

一双鞋（2）只，传统数量：一双。

＊A1712 传统数量单位

传统数量的计量单位。如：对、套等。

A1801 附件名称

文物藏品入馆时所附带的部件的名称。

A1821 附件现状

附件形态特征与完残状况的描述。参见A0911形态特征与A1011完残状况。

A1832 附件数量单位

附件实际数量的计量单位。

A1831 附件数量

附件的实际数量。必须填写为半角阿拉伯数字，其后不能跟计量单位。计量单位只填写在A1832指标项中。

A1901 附属物名称

具有独立形体与功能，但附属于藏品的物体的名称。

A1921 附属物现状

附属物形态特征与完残状况的描述。参见A0911形态特征与A1011完残状况。

A1932 附属物数量单位

附属物实际数量的计量单位。

A1931 附属物数量
附属物的实际数量。参见 A1701 实际数量。

A2001 族属
属于 55 个少数民族中的哪一个，可以细分其分支。

A2002 年代
主要指民族所处的确切年代，比如古代民族、近代民族、现代民族。

A2003 旧称
主要是这一民族过去的、历史上的称呼，与藏品所处年代一致。

A2004 跨界民族
是否跨界民族，是否是来自境外同一民族的藏品。

A2101 采集渔猎经济文化类型组
以鄂伦春族为代表的山林狩猎型和以赫哲族为代表的河谷渔捞型。

A2102 畜牧经济文化类型组
以鄂温克族为代表的苔原畜牧型，以蒙古族为代表的戈壁草原游牧型，以哈萨克为典型的盆地草原游牧型，以藏族为典型的高山草场畜牧型。

A2103 农耕经济文化类型组
山林刀耕火种型：有门巴、珞巴、独龙、怒、佤、德昂、景颇、基诺及部分傈僳、苗、瑶、黎、高山等民族。山地耕牧型：有羌、纳西、彝、白、普米、拉祜等民族。山地耕猎型：苗、瑶、畲、仡佬、土家等民族。丘陵耕作型：有傣、壮、侗、布依、水、毛南、黎等民族。绿洲耕牧型：维吾尔；乌兹别克、塔塔尔、东乡、保安、撒拉等民族。平原集约农耕型：有汉、回、维吾尔、蒙古等民族。

附录2 民族博物馆藏品信息指标体系指标项的说明

A2201 社会生产

经营制和雇佣制。

A2202 产权制度

公有制和私有制。

A2203 社会分配

供给制和分配制。

A2204 婚姻形态

群婚制和偶婚制。

A2205 家庭形态

大家庭和小家庭。

A2206 族群权力

父权制和母权制。

A2207 社会控制

法律规范和道德规范。

A2301 备注

对其他项的补充说明。

参考文献

A. 连续出版物

［1］M. II. 波克罗夫斯基，刘伸. 关于分类学体系［J］. 国外社会科学，2007（2）.

［2］Marie C. Malaro，申芝茹. 藏品管理计划［J］. 博物馆研究，2002（3）.

［3］安来顺. 再谈当代博物馆的信息收藏与共享［J］. 中国博物馆，2012（1）.

［4］安丽. 内蒙古博物馆馆藏民族文物定名规范［J］. 中国博物馆，2000（4）.

［5］白雪飞，周明全，耿国华. 人工神经网络在文物分类系统中的应用研究［J］. 微机发展，2005（2）.

［6］包宪红. 藏品定名的词语研究［J］. 中国博物馆，2001（2）.

［7］鲍泓，封军康，刘宏哲. 基于IF理论的分布式系统语义互操作研究［J］. 计算机科学，2008（3）.

［8］仓田公裕. 博物馆学的含义及博物馆的组成、机能、分类和管理［J］. 姜罗香，摘译. 中国博物馆，1985（1）.

［9］曹兵武. 资料·信息·知识·思想——由专家考古学到公共考古学［J］. 南方文物，2011（2）.

［10］曹兴. 论跨界民族问题与跨境民族问题的区别［J］. 中南民族大学学报（人文社会科学版），2004（2）.

[11] 陈刚. 数字博物馆概念、特征及其发展模式探析 [J]. 中国博物馆, 2007 (3).

[12] 陈刚. 新媒体与博物馆信息传播 [J]. 中国博物馆, 2012 (1).

[13] 陈国安. 试论博物馆藏品登记的范围与规范 [J]. 中国博物馆, 1991 (4).

[14] 陈红京, 滕奇霞. 论数字化建设的利益与策略 [J]. 博物馆研究, 2003 (3).

[15] 陈红京. 藏品管理系统软件中检索方式的多元化设置 [J]. 中国博物馆, 1999 (1).

[16] 陈红京. 浅谈博物馆数据采集与信息管理 [J]. 中国博物馆, 2004 (4).

[17] 陈睿. 民族文物分期之我见 [J]. 中国博物馆, 2002 (3).

[18] 陈世骧. 分类学的若干基本概念 [J]. 昆虫学报, 1961 (12).

[19] 陈学武, 万丽娟, 张松岩. 信息标准化建设、发展与动向 [J]. 现代情报, 2007 (3).

[20] 陈肇庆. 博物馆藏品分类的再探索 [J]. 中国博物馆, 1994 (4).

[21] 丹尼尔·史泰尔斯, 谢仲礼. 民族考古学方法及运用的讨论 [J]. 江西文物, 1989 (2).

[22] 邓红, 李天雪. 对前苏联"经济文化类型理论"的再研究 [J]. 广西民族研究, 2006 (3).

[23] 丁敏京. 近现代史类图片的检索分类 [J]. 中国博物馆, 1997 (1).

[24] 董焱. 数字博物馆元数据标准初探 [J]. 北京联合大学学报（自然科学版）[J]. 2005 (6).

[25] 范世民. 藏品总登记工作是调节藏品管与用矛盾的重要工

作［J］. 中国博物馆，1988（1）.

［26］范祥锐. 民族文物保管中的几个问题［J］. 西南民族学院学报（哲学社会科学版），2000（4）.

［27］冯甲策. 国家博物馆元数据规范建设与应用［J］. 博物馆研究，2013（3）.

［28］傅玉芳、任常中. 博物馆藏品定名规范探讨［J］. 中国博物馆，1991（1）.

［29］高和. 博物馆藏品分类［J］. 中国博物馆，1988（4）.

［30］高永久，秦伟江. "民族"概念的演变［J］. 南开学报（哲学社会科学版），2009（6）.

［31］高宗裕. 民族文物概论［J］. 今日民族，1995：S1.

［32］龚世扬. 关于民族文物征集的几点思考［J］. 南方论刊，2010（4）.

［33］古志明. 博物馆资源数据库建设［J］. 科技传播，2013（2）.

［34］谷家荣. 滇边跨境民族研究六十年的回顾与前瞻［J］. 学术探索，2010（4）.

［35］郭孟秀、唐智. 关于博物馆藏品分类方法的探索［J］. 北方文物，1997（2）.

［36］韩凤. 博物馆信息化与电子政务技术［J］. 博物馆研究，2007（3）.

［38］韩建业. 什么是"民族考古学"［J］. 东南文化，1993（2）.

［39］韩奎元. 军事博物馆的武器分类与定名［J］. 中国博物馆，2000（2）.

［40］韩晓莉. 从文化史到社会文化史——兼论文化人类学对社会文化史研究的影响［J］. 华东师范大学学报（哲学社会科学版），2009（1）.

[42] 韩洋. 关于博物馆分类分级管理的初步研究与设想 [J]. 博物馆研究, 2005 (1).

[42] 何博. 民族概念的中国化内涵 [J]. 玉溪师范学院学报, 2011 (2).

[43] 何奎, 熊火花. 傈僳族竹文化的文化人类学解读 [J]. 竹子研究汇刊, 2010 (4).

[44] 何直刚. 藏品分类略说——附述三系三段分类法 [J]. 中国博物馆, 1986 (3).

[45] 胡江, 陈晴, 刘健, 郁健琼, 庄星良, 阙薇薇. 馆藏文物数字影像指标体系的规范、管理与应用 [J]. 文物保护与考古科学, 2007 (3).

[46] 胡杰. 地方博物馆藏品的科学管理 [J]. 鞍山师范学院学报, 2006 (4).

[47] 胡均. 博物馆文物藏品档案的管理与实践 [J]. 兰台世界, 2008 (3).

[48] 黄梅. "近现代藏品管理系统"建设的实践与思考 [J]. 中国文物科学研究, 2010 (4).

[49] 黄颖, 王玮. 藏品管理软件在田野搜集工作中的兼用性 [J]. 博物馆研究, 2002 (2).

[50] 贾冬梅. 论藏品利用中的管理与保护 [J]. 博物馆研究, 2001 (3).

[51] 金萍. 浅谈博物馆藏品登记标准问题 [J]. 宁夏师范学院学报(社会科学), 2007 (5).

[52] 金天明, 索士丁. 经济文化类型理论在中国的应用和发展 [J]. 中央民族学院学报, 1988 (1).

[53] 李芬, 朱志详, 刘盛辉. 大数据发展现状及面临的问题 [J]. 西安邮电大学学报, 2013 (5).

[54] 李洪光. 对博物馆信息化建设的几点思考 [J]. 博物馆研

究，2007（3）．

［55］李洪光．吉林省近现代史博物馆信息化发展展望［J］．博物馆研究，2003（2）．

［56］李建丽．藏品分类应划为保管和检索两个系统［J］．中国博物馆，1988（4）．

［57］李竞艳．馆藏信息采集与管理系统的人性化设计［J］．博物馆研究，2005（3）．

［58］李铁柱．《馆藏民族文物界定、分类、定级》课题工作的思考［J］．2007（4）．

［59］李伟，杜生一．对经济文化类型理论的再认识［J］．兰州大学学报（社会科学版），2002（5）．

［60］李修建．论马林诺夫斯基的文化观及艺术理论［J］．江南大学学报（人文社会科学版），2011（4）．

［61］李延强．浅析数字博物馆VR技术功能设计［J］．丝绸之路，2013（8）．

［62］李耀申．历史类博物馆照片资料的分类、保管和使用［J］．中国博物馆，1987（2）．

［63］李毅夫．苏联民族研究理论建设述评［J］．民族研究，1987（3）．

［64］李之龙．关于博物馆藏品分类与藏品组织的关系［J］．东南文化，1993（4）．

［65］林岩，潘昆．利用计算机为博物馆学研究服务［J］．中国博物馆，1988（2）．

［66］刘家宜．自然博物馆植物标本的命名标准［J］．中国博物馆，1990（2）．

［67］刘建华．计算机技术在考古学与文物保护中的应用［J］．中原文物，2004（5）．

［68］刘卫国．非物质文化遗产保护与民族博物馆［J］．中国博

物馆，2006（2）.

［69］刘学荣. 基于数字博物馆的文物元数据研究［J］. 软件导刊，2009（4）.

［70］刘知胜. 分类学的产生、发展及其在生物学发展中的作用［J］. 内蒙古大学学报（人文社会科学版），1998（1）.

［71］刘稚. 跨界民族的类型、属性及其发展趋势［J］. 云南社科研究，2004（5）.

［72］罗丽珍. 探讨当代博物馆如何加强文化传播功能［J］. 剑南文学（经典教苑），2012（10）.

［73］吕军，刘昊罡. 关于藏品管理程序问题的探讨［J］. 博物馆研究，2000（1）.

［74］吕军，栾兆鹏. 关于建立藏品管理学理论体系的思考［J］. 中国博物馆，1997（3）.

［75］马咏钟. 关于藏品分类的几个问题［J］. 中国博物馆，1988（4）.

［76］梅杉. 关于博物馆藏品的信息化建设的探讨［J］. 重庆邮电大学学报（社会科学版），2007（6）.

［77］孟祥义，刘柏冬. 试论民族博物馆与民族文物的关系［J］. 北方文物，2000（1）.

［78］木基元. 论西南民族文物调查研究与民族博物馆的兴起［J］. 学术探索，2001（1）.

［79］木基元. 民族文物征集抢救工作刍议［J］. 中国博物馆，1998（1）.

［80］欧潮泉. 从民族学研究看民族学的研究对象、任务和范围［J］. 贵州民族研究，1982（4）.

［81］盘福东. 民族文物价值的再认识［J］. 中国博物馆，1998（1）.

［82］彭代佳. 博物馆藏品信息数字化采集模式及相关问题研究

[J]. 经济与社会发展，2012（1）.

[83] 秦晋庭. 民族文物学再探［J］. 中国博物馆，2001（4）.

[84] 秦晋庭. 浅议"复存形态"民族文物［J］. 中国博物馆，2002（3）.

[85] 秦晋庭. 试论民族文物的征集范围［J］. 中国博物馆，1990（2）.

[86] 秦新华. 关于博物馆信息化建设的思考［J］. 文物世界，2009（3）.

[87] 瞿明安. 论当代中国文化人类学的发展趋势［J］. 广西民族研究，2011（2）.

[88] 任国英. 生态人类学的主要理论及其发展［J］. 黑龙江民族丛刊，2004（5）.

[89] 沈天鹰. 论博物馆信息资源共享中的权利与义务［J］. 中国博物馆，2004（4）.

[90] 沈岩. 博物馆与标准化［J］. 中国博物馆，2012（3）.

[91] 石晓霆，武玮，陈迪，郭亮. 互联网博物馆概况及其对文化的影响［J］. 中原文物，2002（3）.

[92] 史欣，张用衡. 博物馆类型及其收藏动机［J］. 中国博物馆，1990（3）.

[93] 宋伯胤. 论博物馆藏品分类（上）：兼述"四部四项分类法"［J］. 东南文化，1991：Z1.

[94] 宋良璧. 博物馆藏品分类法的探讨［J］. 中国博物馆，1988（4）.

[95] 宋蜀华. 从民族学视角论中国民族文物及其保护与抢救［J］. 中央民族大学学报（哲学社会科学版），2004（4）.

[96] 宋向光. 博物馆藏品概念的思考［J］. 中国博物馆，1996（2）.

[77] 宋向光. 当代博物馆藏品管理工作的性质、特点及主要任

务［J］. 博物馆研究, 2003（3）.

[98] 宋兆麟. 民族文物鉴定诸问题［J］. 中国博物馆, 2002（3）.

[99] 孙敬明, 王桂香, 韩金城. 藏品档案刍议［J］. 中国博物馆, 1988（3）.

[100] 孙美琦. 藏品电脑管理的三维分类法［J］. 中国博物馆, 1987（1）.

[101] 汤金松. 民族结构与民族属性研究回顾［J］. 黑龙江民族丛刊, 1998（1）.

[102] 唐小轩. 对藏品管理程序的几点思考［J］. 博物馆研究, 2002（3）.

[103] 陶洁, 李春晓, 梁赓, 柳军飞. 博物馆的数字化建设方案［J］. 计算机系统应用, 2003（8）.

[104] 田阡. 文化人类学视野下的大学文化与艺术教育［J］. 民族教育研究, 2010（1）.

[105] 万辅彬. 从少数民族科技史到科技人类学［J］. 广西民族学院学报（哲学社会科学版）, 2002（5）.

[106] 王璧. 博物馆藏品登记工作［J］. 中国博物馆, 1987（1）.

[107] 王超. "博物馆与新媒体"学术研讨会［J］. 中国博物馆, 2012（1）.

[108] 王方平. 博物馆藏品档案研究［J］. 中国博物馆, 2003（1）.

[109] 王辅宇. 博物馆建立藏品档案的意义与做法［J］. 北京档案, 1998（8）.

[110] 王根发. 博物馆藏品的分类［J］. 中国博物馆, 1988（4）.

[111] 王建平. 论博物馆藏品信息管理［J］. 中国博物馆, 2001

(2).

[112] 王克松. 中小型博物馆民族文物的界定、分类与定级——以贵州省黔南布依族苗族自治州民族博物馆为例 [J]. 中国博物馆, 2007 (4).

[113] 王南. 近现代外国文物研究初探 [J]. 中国博物馆, 2000 (3).

[114] 王南. 近现代文物分类法刍议 [J]. 中国博物馆, 1999 (1).

[115] 王琼. 论文化人类学视野下的乡土文艺观 [J]. 华中科技大学学报, 2012 (2).

[116] 王嗣州, 赵静雪. 博物馆学研究中的诸多问题 [J]. 辽宁大学学报, 1992 (3).

[117] 王嗣州, 赵静雪. 论专门博物馆的特性 [J]. 中国博物馆, 1991 (3).

[118] 王卫东. 博物馆展示的纵向分类及其意义 [J]. 东方博物, 2004 (3).

[119] 王兴平, 白宁. 博物馆藏品分类法理论思索及"双轨制"构想 [J]. 东南文化, 1990 (4).

[120] 王韵水. 试析我国民族博物馆的历史、现状及发展方向 [J]. 华章, 2013 (3).

[121] 吴松懿. 浅谈对少数民族文物的保管保养 [J]. 云南社会科学, 2001 年增刊.

[122] 吴伟波, 曹文君. 对于数字化博物馆实现中的一些关键技术的研究与实践 [J]. 复旦学报（自然科学版）, 2001 (12).

[123] 吴泽霖. 论博物馆、民族博物馆与民族学博物馆 [J]. 民族文物工作通讯, 1985 (4).

[124] 夏妮亚. 关于考古文博类文献集中标引问题的探讨 [J].

情报探索，2007（9）.

[125] 夏志峰，翟红志. 论藏品信息［J］. 中原文物，2000（3）.

[126] 项隆元. 关于博物馆学术语规范性的问题与思考［J］. 东南文化，2013（1）.

[127] 晓朋. 博物馆藏品的统一分类问题［J］. 中国博物馆，1987（2）.

[128] 谢沫华，起国庆. 论新时期中国民族文物的保护［J］. 云南民族大学学报（哲学社会科学版），2003（4）.

[129] 许俊平. 博物馆藏品信息资源共享刍议［J］. 北方文物，2004（1）.

[130] 严建强. 计算机网络时代博物馆展示的传播与体验［J］. 中国博物馆，2004（1）.

[131] 严文明，吴春明. 东南民族考古的承前启后——吴绵吉《中国东南民族考古文选》序、编后记［J］. 广西民族研究，2008（1）.

[132] 晏善富. 博物馆公共项目评估. 西方的实践［J］. 中国博物馆，2005（2）.

[133] 杨海峰，韩奎元. 博物馆藏品定名刍议［J］. 中国博物馆，1990（1）.

[134] 杨海峰. 试论博物馆藏品的分类［J］. 江西文物，1989（3）.

[135] 杨圣敏. 中国民族学的百年回顾与新时代的总结［J］. 西北民族研究，2009（2）.

[136] 杨向明. 数字博物馆及其相关问题［J］. 中原文物，2006（1）.

[137] 尹绍亭，乌尼尔. 生态博物馆与民族文化生态村［J］. 中南民族大学学报（人文社会科学版），2009（5）.

［138］游庆桥. 数字化时代的博物馆藏品登记著录的实践与思考［J］. 中国博物馆, 2013（4）.

［139］詹静. 博物馆藏品档案与计算机藏品管理系统［J］. 北方文物, 2006（3）.

［140］张璐, 李广新. 信息管理系统在博物馆藏品管理中的应用［J］. 博物馆研究, 2006（2）.

［141］张淑华, 曹明. 博物馆藏品整顿中若干问题的思考［J］. 博物馆研究, 2000（2）.

［142］张淑华. 博物馆藏品档案综述［J］. 中国博物馆, 2002（1）.

［143］张伟琴. 博物馆文物藏品定名规范的再探讨［J］. 中国博物馆, 1997（4）.

［144］张小兰. 对博物馆藏品信息化管理的思考［J］. 文物世界, 2013（4）.

［145］张小李. 论文物藏品信息标准的统一性与开放性［J］. 中国博物馆, 2012（1）.

［146］张小朋, 张莅坤. 博物馆信息化标准框架体系概论［J］. 东南文化, 2010（4）.

［147］张小朋. 博物馆信息化建设的初步探讨［J］. 智能建筑与城市信息, 2004（9）.

［148］赵洪. 藏品编目卡的标准化探索［J］. 中国博物馆, 1990（1）.

［149］赵昆. 试论数字化博物馆［J］. 博物馆研究, 2002（2）.

［150］中国地质博物馆保管部. 地质博物馆的藏品分类［J］. 中国博物馆, 1988（4）.

［151］周燕, 朱杰勇, 王雷. 矿物数字博物馆的建设构想与实现［J］. 岩石矿物学杂志, 2008（1）.

［152］祝敬国. 博物馆藏品分类标准化研究［J］. 中国博物馆,

1991 (1).

[153] 祝敬国. 藏品管理系统的两个技术问题 [J]. 中国博物馆, 1991 (3).

B. 专著

[1] 〔美〕N 维纳. 控制论——关于在动物和机器中控制和通讯的科学 [M]. 郝季仁, 译. 北京: 京华出版社, 2000.

[2] 〔美〕洛伊斯 N. 玛格纳. 生命科学史 [M]. 李难, 译. 武汉: 华中工学院出版社, 1985.

[3] 〔英〕马林诺夫斯基. 文化论 [M]. 费孝通, 等, 译. 北京: 中国民间文艺出版社, 1987.

[4] 〔英〕维克托·迈尔·舍恩伯格. 大数据时代 [M]. 盛扬燕, 周涛, 译. 杭州: 浙江人民出版社, 2012.

[5] 储节旺编. 信息组织学 [M]. 北京: 清华大学出版社, 2007.

[6] 恩格斯. 刘澄导读. 《家庭、私有制和国家的起源》导读 [M]. 天津: 天津人民出版社, 2009.

[7] 高名凯. 石安石. 语言学概论 [M]. 北京: 中华书局, 1987.

[8] 国家文物局, 中国博物馆协会. 博物馆法规文件 [M]. 北京: 科技出版社, 2010.

[9] 国家文物局. 博物馆藏品保管工作手册 [M]. 1992.

[10] 韩永进. 符号、结构与技术 [M]. 北京: 人民出版社, 2007.

[11] 李晓东. 文物学 [M]. 北京: 学苑出版社, 2005.

[12] 李毅夫, 赵锦元. 世界民族概论 [M]. 北京: 中央民族大学出版社, 1983.

[13] 李毅夫. 世界民族研究导论 [M]. 北京: 社会科学文献出版社, 2013.

[14] 林耀华. 民族学通论 [M]. 北京：中央民族学院出版社，1990.

[15] 马克思. 摩尔根《古代社会》一书摘要 [M]. 中国科学院历史研究所翻译组，译. 北京：人民出版社，1965.

[16] 王宏钧. 中国博物馆学基础 [M]. 上海：上海古籍出版社，2006.

[17] 徐士进，陈红京，董少春. 数字博物馆概论 [M]. 上海：上海科学技术出版社，2007.

[18] 杨虎，刘国祥，邓聪. 玉器起源探讨 [M]. 北京：中国考古艺术研究中心，2007.

[19] 杨堃. 民族学概论 [M]. 北京：中国社会科学出版社，1984.

[20] 珍妮特·马斯汀，钱春霞，等. 新博物馆理论与实践导论 [M]. 南京：江苏美术出版社，2008.

[21] 郑杭生. 社会学概论新修 [M]. 北京：人民大学出版社，2010.

[22] 中国大百科全书总编辑委员会《文物·博物馆》编辑委员会，中国大百科全书出版社编辑部. 中国大百科全书·文物·博物馆卷 [M]. 北京：中国大百科全书出版社，1993.

[23] 中国彝族通史编委会编. 中国彝族通史纲要 [M]. 昆明：云南民族出版社，1993.

C. 会议论文集

[1] 陈国强. 论民族学研究的对象 [A] // 中国民族学研究会编：民族学研究第一辑 [C]. 北京：民族出版社，1980.

[2] 陈俊峰. 博物馆信息化及RFID技术在馆藏管理中的应用设想 [A] // 苏州博物馆编：苏州文博论丛（第3辑）[C]. 北京：文物出版社，2012.

[3] 丹珠昂奔. 序[A] //李铁柱：中国民族文博第1辑[C]. 北京：民族出版社，2006.

[4] 单霁翔. 中国博物馆的现状与发展[A] //北京博物馆学会. 北京博物馆学会第四届学术会议论文集[C]. 北京：燕山出版社，2004.

[5] 胡锤，张小李. 数字博物馆研究综述[A] //北京市科学技术协会信息中心，北京数字科普协会：数字博物馆研究与实践2009[C]. 北京：中国传媒大学出版社，2009.

[6] 姜岩. 新媒体与数字博物馆的整合[A] //北京市科学技术协会信息中心，北京数字科普协会：数字博物馆研究与实践. 2009[C]. 北京：中国传媒大学出版社，2009.

[7] 金瑞国. 论数字博物馆建设的十大要素[A] //北京市科学技术协会信息中心，北京数字科普协会：数字博物馆研究与实践2009[C]. 北京：中国传媒大学出版社，2009.

[8] 李铁柱. 关于《馆藏民族文物界定、分类、定级》课题工作的意见[A] //民族文化宫博物馆编：中国民族文博第二辑[C]. 沈阳：辽宁出版社，2007.

[9] 林耀华，切博克萨罗夫. 中国经济文化类型[A] //中央民族学院民族研究所编：民族研究论文集（第3集）[C]. 1984.

[10] 潘奇燕. 博物馆藏品定名与科学管理[A] //张春祥、马希桂. 博物馆藏品保管学术论文集[C]. 北京：燕山出版社，2004.

[11] 潘守永，宋新潮. 民族地区博物馆事业发展的历史和现状[A] //金星华，张晓明，兰智奇. 中国少数民族文化发展报告（2008）[R]. 北京：民族出版社，2009.

[12] 沈庆林. 近现代民族文物的鉴定问题[A] //民族文化宫博物馆. 中国民族文博第二辑[C]. 沈阳：辽宁出版

社，2007.

[13] 王璇，张弛，张鹏洲. 数字传媒博物馆的研究与建设[A] //全国互联网与音视频广播发展研讨会. 第十届全国互联网与音视频广播发展研讨会论文集[C]. 2010年4月.

[14] 晏新志，邵小龙. 博物馆数字化建设和信息化管理的思考和展望[A] //郭宪曾. 《博物馆理论与实践研讨会论文集》[C]. 西安：三秦出版社，2007.

[15] 雍继荣. 民族文物界定三议[A] //民族文化宫博物馆. 中国民族文博第二辑[C]. 沈阳：辽宁出版社，2007.

[16] 俞伟超. 楚文化的研究与文化因素的分析[A] //楚文化研究会. 楚文化研究论集第1集[C]. 武汉：荆楚出版社，1987.

D. 学位论文

[1] 阿里克. 博物馆学理论和原则的研究[D]. 长春：吉林大学，2009.

[2] 毕然. 湖南省博物馆藏品信息管理系统的设计与实现[D]. 长春：吉林大学，2012.

[3] 华玥. 析论数字博物馆中藏品信息管理技术[D]. 郑州：郑州大学，2013.

[4] 龙泉. 新媒体在地方综合性博物馆信息传播中的运用研究[D]. 重庆：西南大学，2012.

[5] 陆敏洁. 非文博系统博物馆登记注册体系设计研究[D]. 上海：复旦大学，2012.

[6] 吕睿. 传媒时代博物馆的信息传播研究[D]. 重庆：重庆大学，2010.

[7] 邵晨卉. 新媒体与博物馆展示设计[D]. 杭州：浙江大学，2010.

[8] 王玮玮. 基于 XML 的博物馆藏品管理系统开发 [D]. 上海：复旦大学，2008.

[9] 张佳佳. 市场经济条件下博物馆藏品开发与利用 [D]. 长春：吉林大学，2007.

[10] 钟经纬. 中国民族地区生态博物馆研究 [D]. 上海：复旦大学，2008.

E. 报纸文章

[1] 陈春梅. 广东省历史博物馆藏品信息化建设得失谈 [N]. 中国文物报，2005-1-21.

[2] 李春玲. 关于文物收藏单位藏品总登记号的思考 [N]. 中国文物报，2011-6-8.

[3] 鲁宁、周劲思. 动态藏品管理工作刍议 [N]. 中国文物报，2005-5-27.

[4] 宋艳阳. 浅议文物藏品管理规范化和信息化 [N]. 中国文物报，2005-10-28.

[5] 孙波. "文物调查及数据库管理系统建设"项目圆满完成 [N]. 中华人民共和国国家文物局，2011-6-20.

[6] 文化部. 关于颁发《文物藏品定级标准》的通知 [N]. 文化部网站，1987-2-3.

[7] 文化部. 关于印发《博物馆藏品管理办法》的通知 [N]. 文化部网站，1986-6-19.

[8] 文物调查及数据库管理系统建设 [N]. 中国文化遗产，2005（4）.

[9] 吴宁宁. "大数据"对博物馆的启示 [N]. 中国文物报，2013-9-4.

[10] 徐铁军. 对县级馆藏文物信息采集工作的思考 [N]. 中国文物报，2007-6-15.

[11] 游庆桥. 博物馆藏品登记著录的实践与思考 [N]. 中国文

物报，2010-12-8.

[12] 张忠培. 透物见人 考古求真 [N]. 中国社会科学报，2013-11-18.

[13] 朱中一. 试析博物馆信息化建设中存在的问题 [N]. 中国文物报，2012-8-22.

后 记

本书的创作，既源于我的民族学、博物馆学的学科背景，也源于我读博期间思考的一个问题：博物馆学理论与实践该如何结合。记得在刚进入复旦大学之时，我出于功利的原因，拜读了众多博物馆学刊物、著作，也学着一些时尚的学术路数，很快就有了多个"高端""大气""上档次"的研究选题，自以为肯定会得到导师组的认可。但不幸的是，这些在我看来亮点纷呈、充满着时尚气息的选题，一个接一个的被否决了，自信心顿时消失得无影无踪。迷茫和困惑让我像一叶漂泊在大海中的孤舟，没有方向，没有希望。在我不知如何摆脱这一窘困之际，我的导师陈红京老师向我伸出了援助之手，指出了我研究工作的症结所在：想法很美、说法美，就是不接地气。

时至今日，我还清楚地记得陈老师对我的指导：博物馆学是一门实践学科，切忌从理论到理论，尽量避免空洞的选题。陈老师同时提出，一个博物馆学者、从业人员，无论是做宣传教育还是陈列布展，如果不先从藏品管理开始研究，就不会取得成效。陈老师的一番话，让当时身为大学教师的我茅塞顿开，这也是我离开象牙塔，走进博物馆的一个理由吧。在重庆从事文博管理工作期间，我按照"接地气"和"藏品管理为先"的指导思想，逐渐将研究的侧重点放在了"民族博物馆藏品信息指标"这一冷门选题上。

正是受益于陈红京老师的教导方法，我无论在何岗位，都秉承脚踏实地的原则，做好每一项工作。在实践中，我更加关注藏品管理工作，发现随着信息技术的推广与应用，藏品信息管理已成为制约博物馆服务水平和服务能力的主要因素之一。经过多年的思考和积累，关于民族博物馆藏品信息指标的研究也终于成型了，也有了将其出版的想法。在我将这一计划与年轻的文博信息化专家、中国文物信息中心沈贵华老师交流后，得到他的充分肯定和支持，并就研究成果的一些问题，提出了许多重要的修改意见。所以，本书撰写工作最终能够完成，得益于沈贵华等多位专家、学者的关心和帮助。

本书的公开出版，一方面是为与博物馆从业人员共享我的研究成果，另一方面也是希望借此书助力于当前我国正在推进的博物馆信息化建设工作。但由于本人学识及能力有限，对问题的探讨难免存在偏颇和不足之处，书作中仍感有诸多问题和不足。但我想，凡事都需要有人去做，我的这本书如果成为一个靶子，被大家诟病，引起学者的批判和探讨，也许会对博物馆藏品信息管理这一研究领域有所裨益，这就是其价值所在。

最后，要感谢所有指导我完成本书撰写的老师、领导和同仁们，感谢你们无私的帮助，还望继续得到大家的指正，在此一并表示最衷心的谢意！

王　龙

2017 年 6 月于天津滨海新区